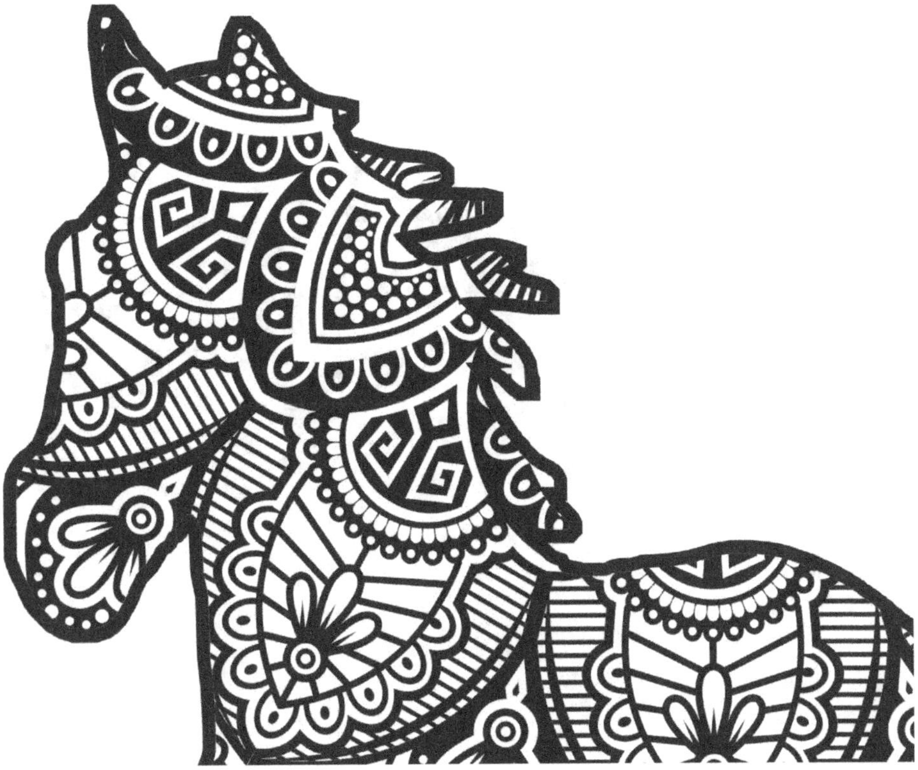

This Book Belongs to

....

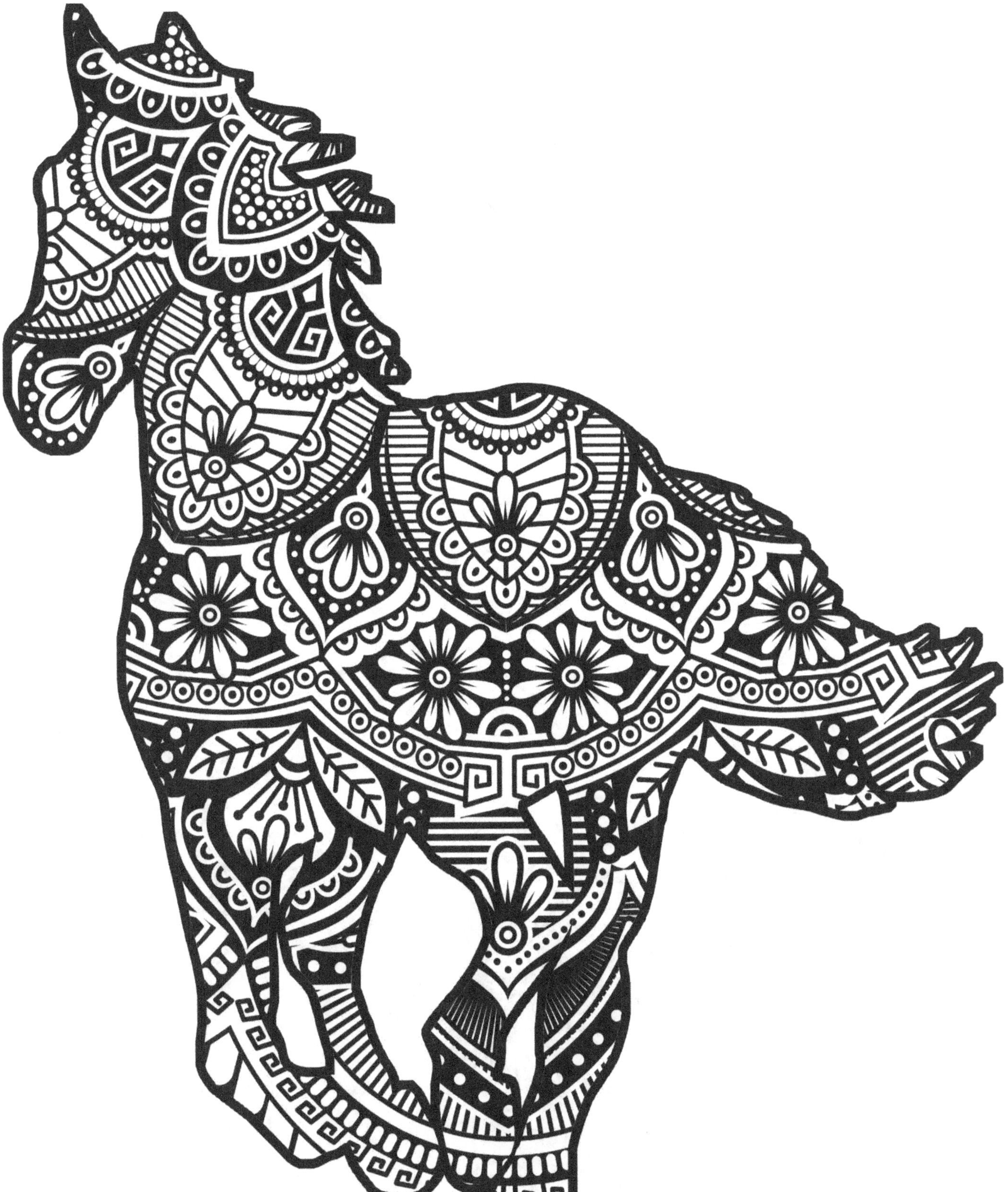

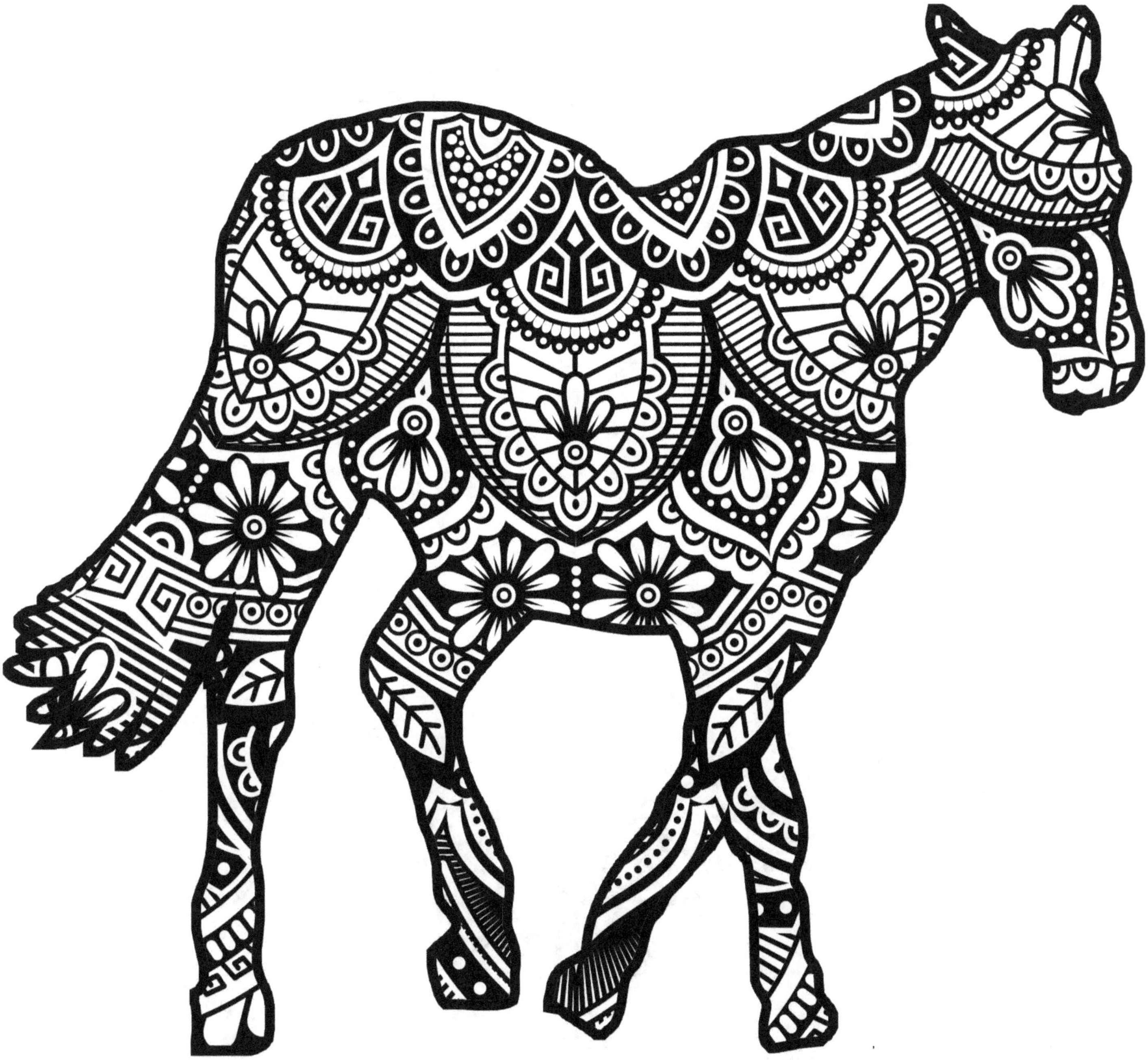

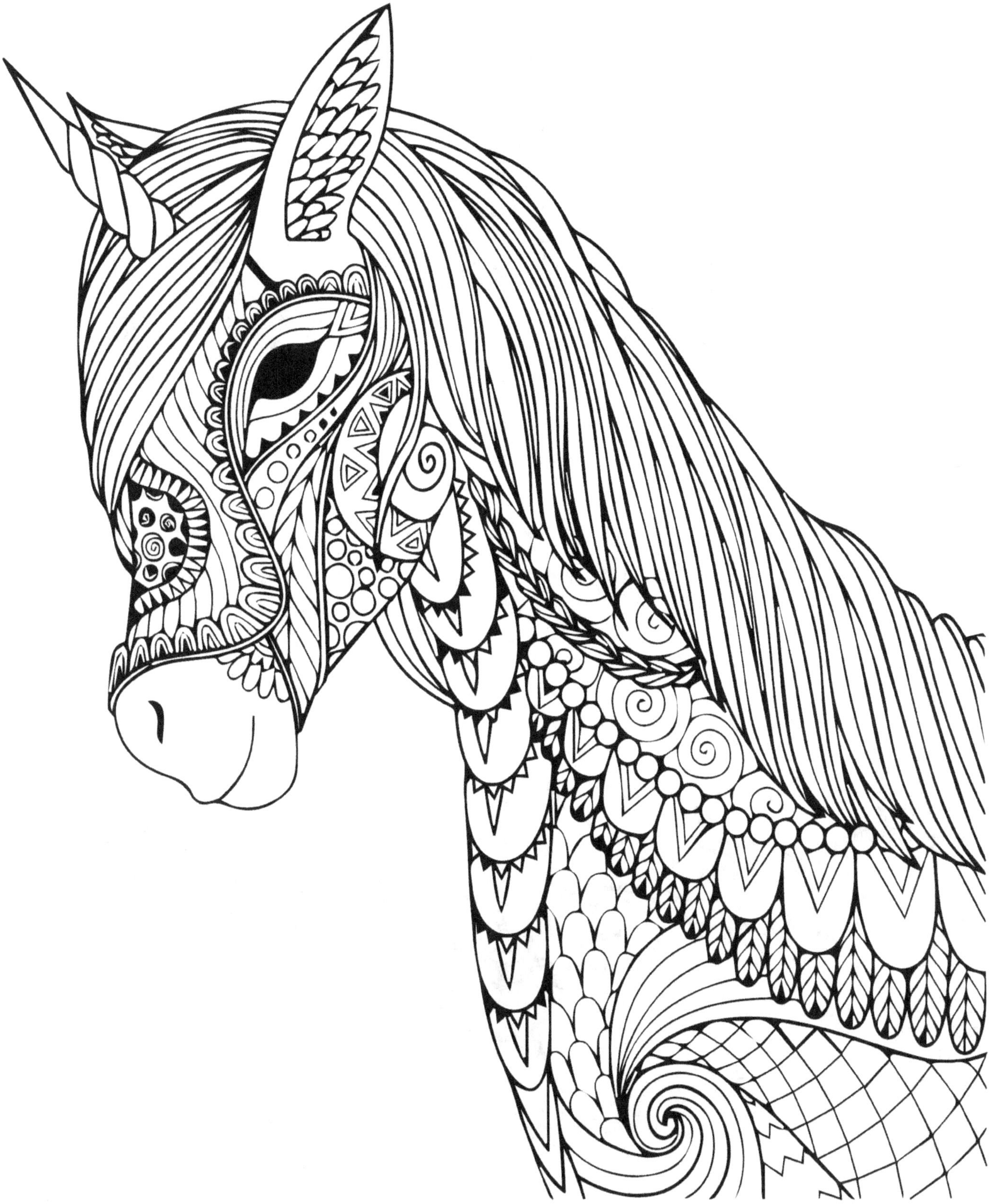

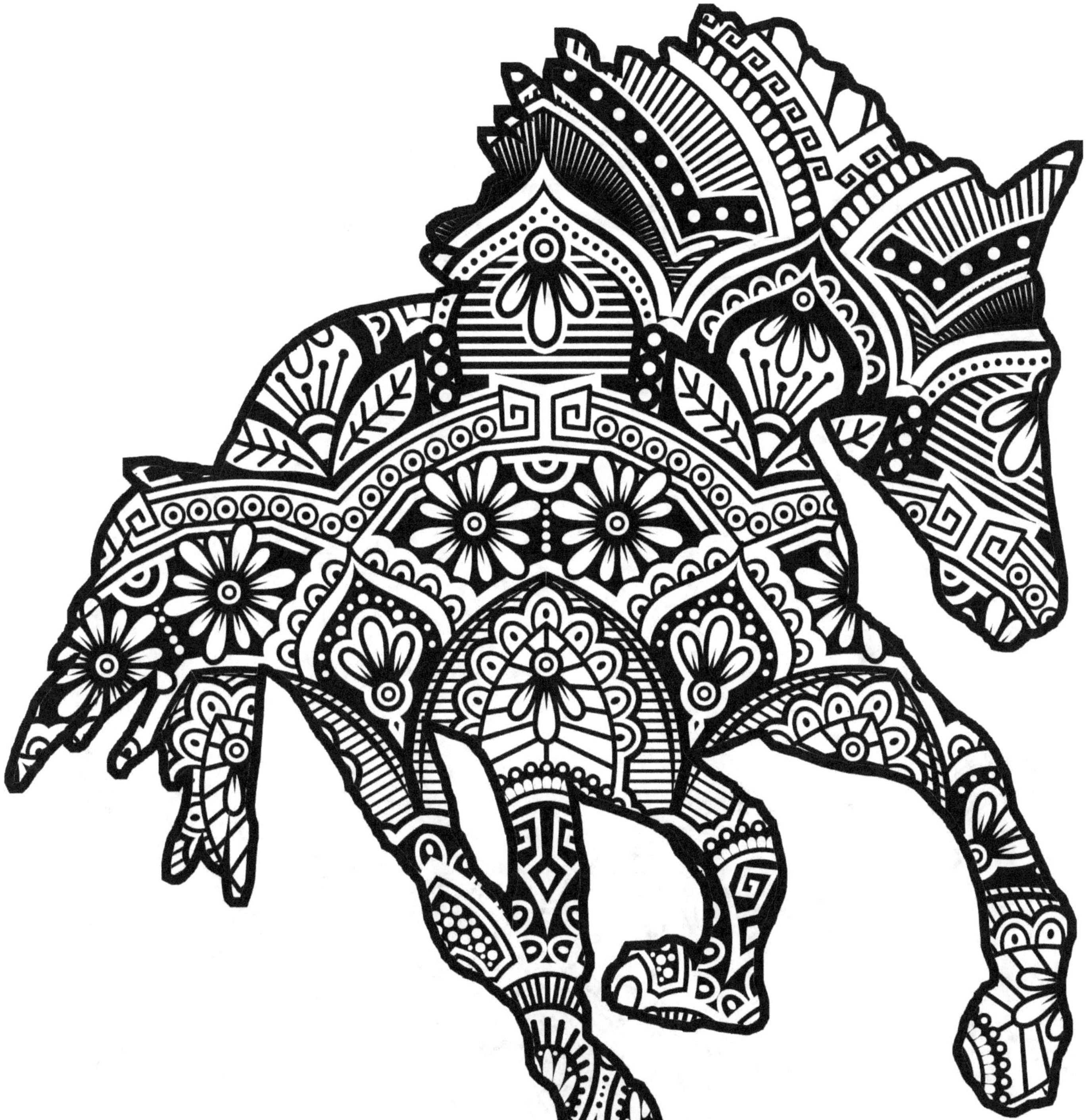

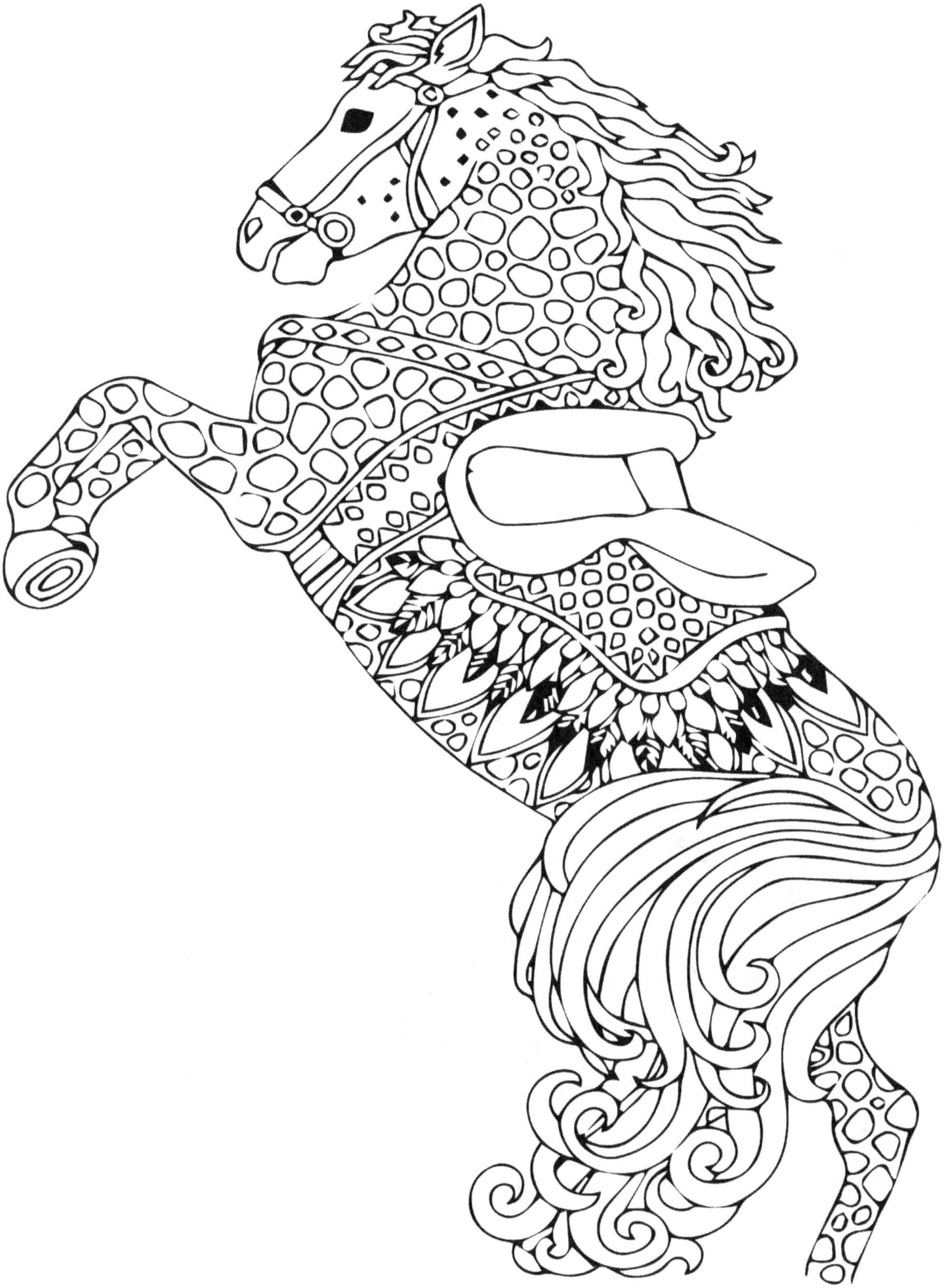

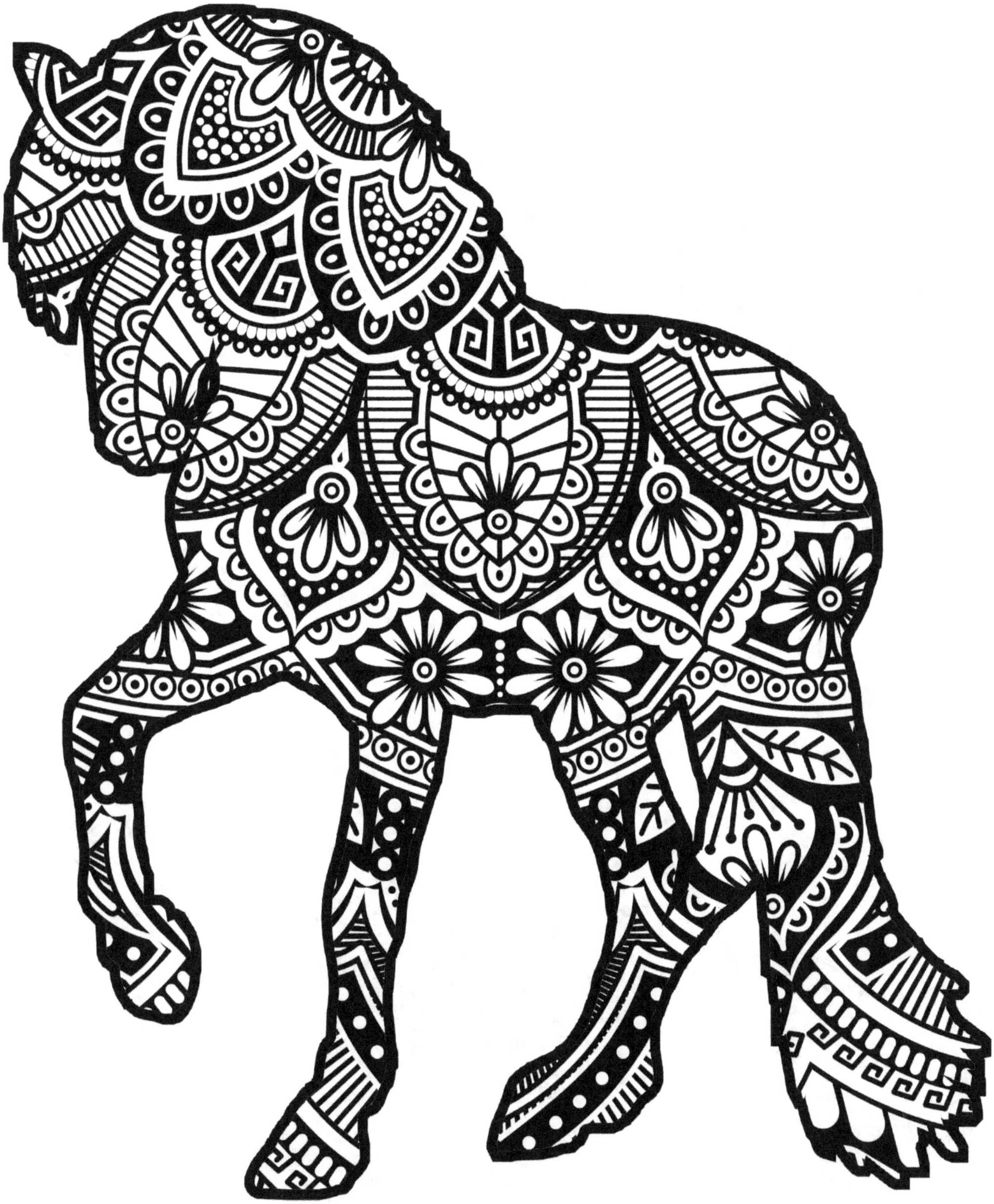

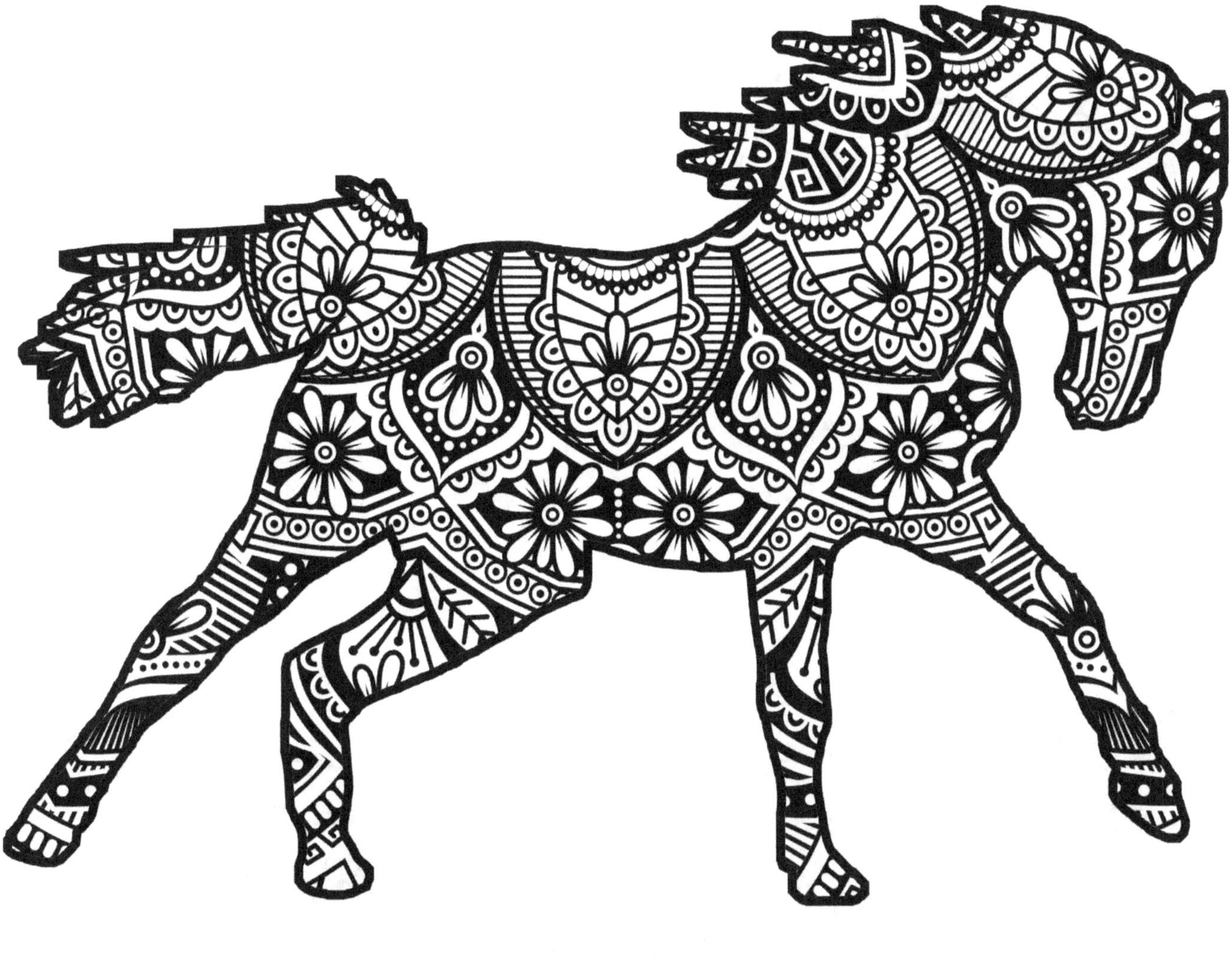

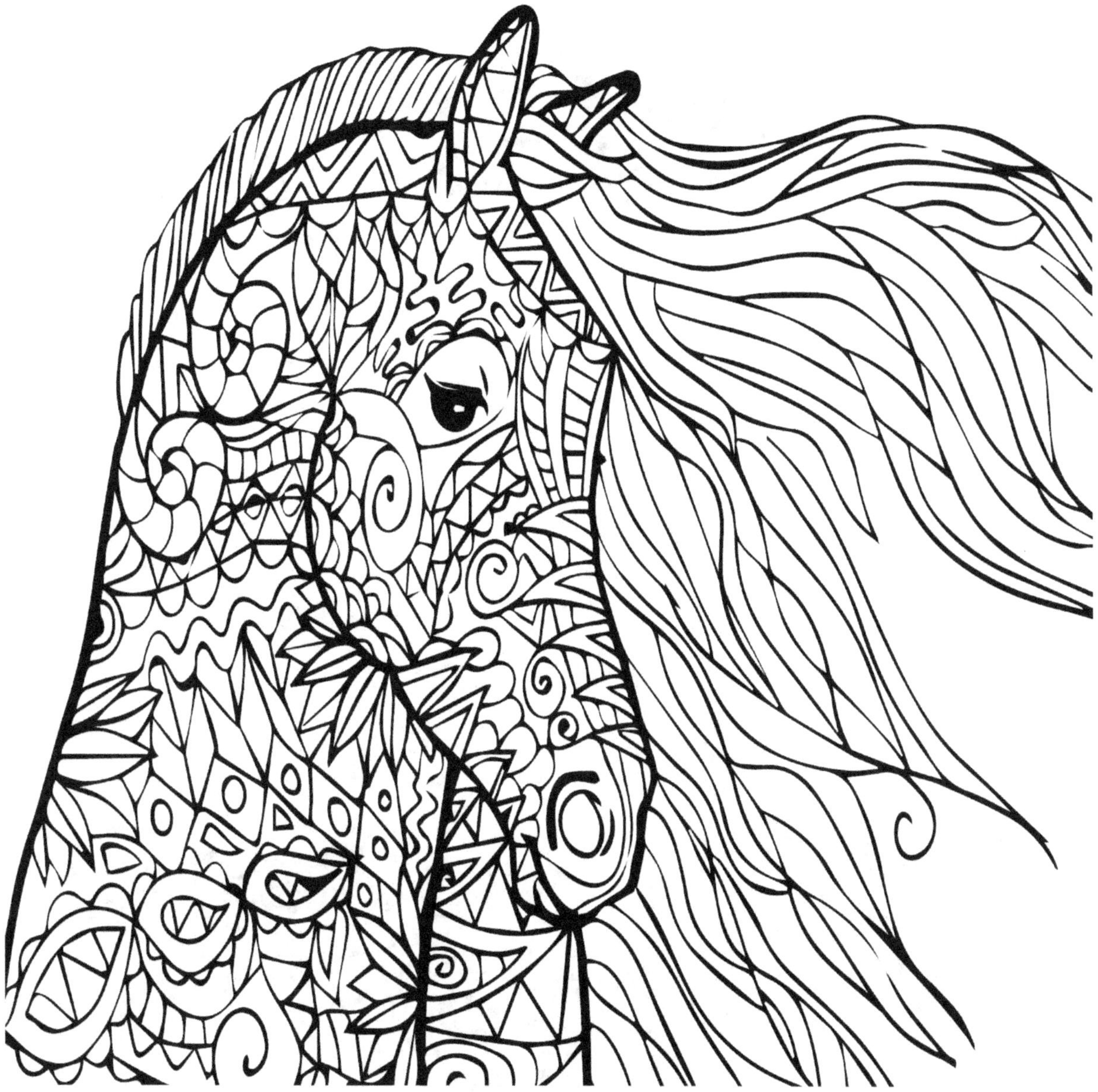

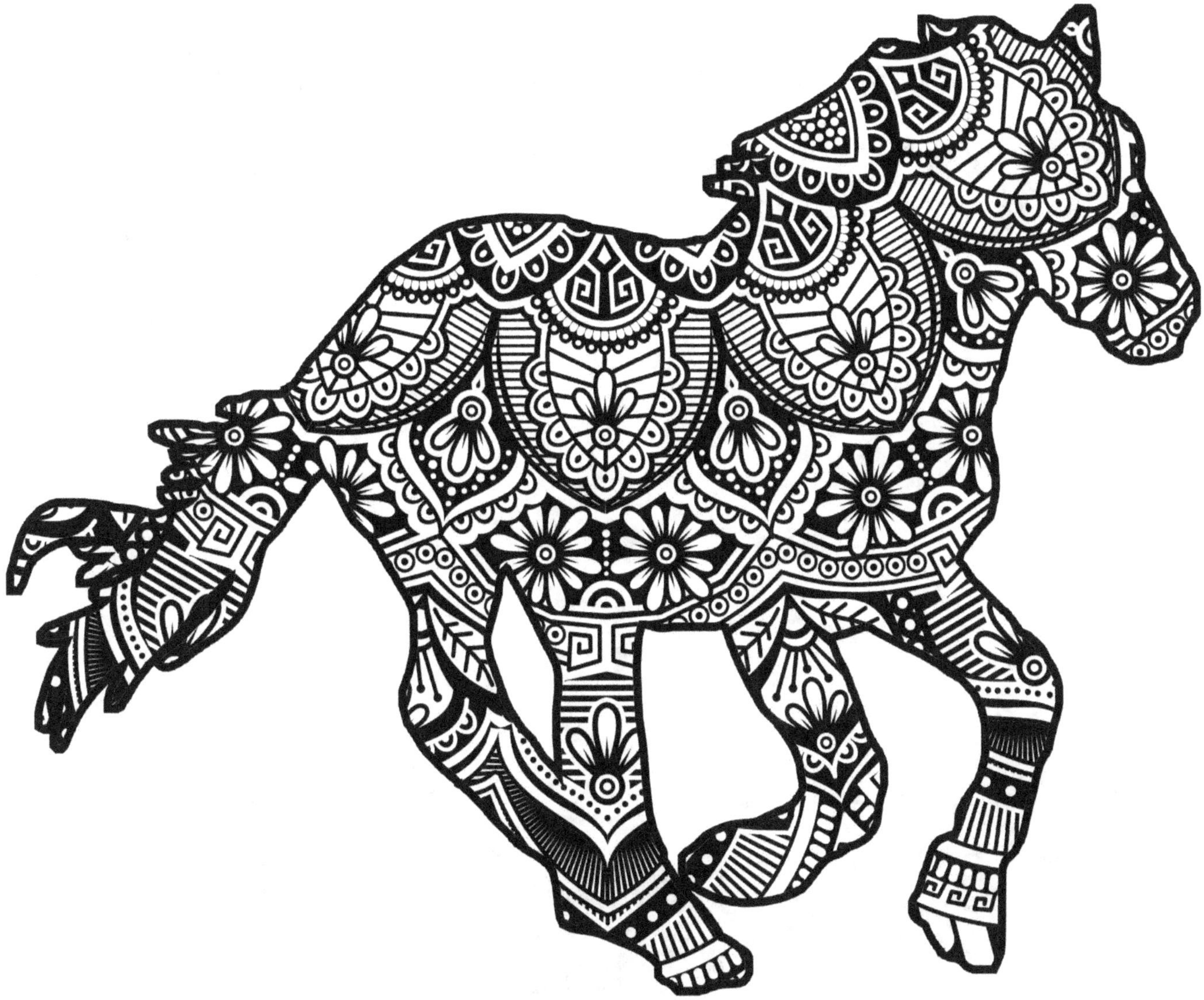

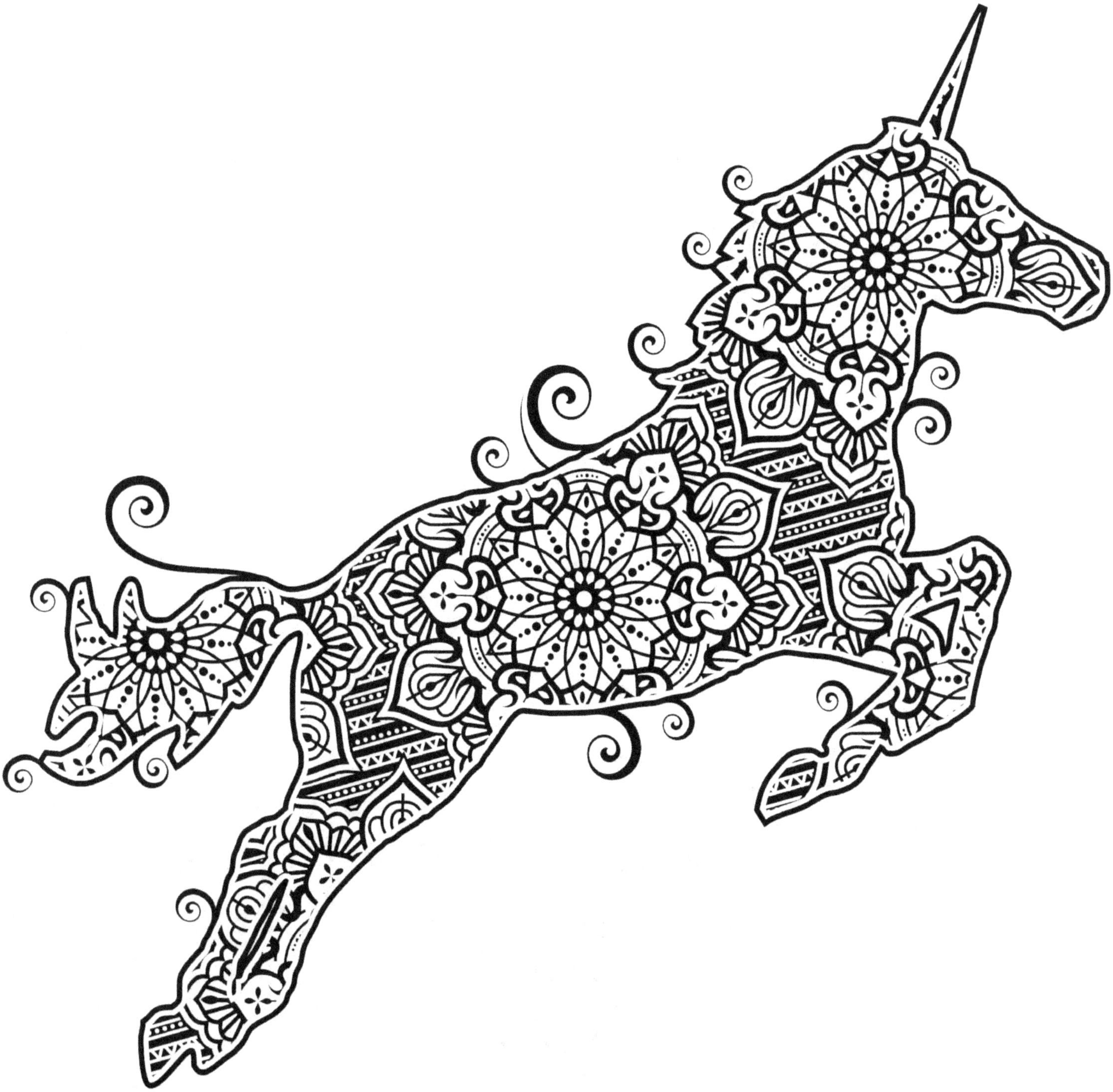

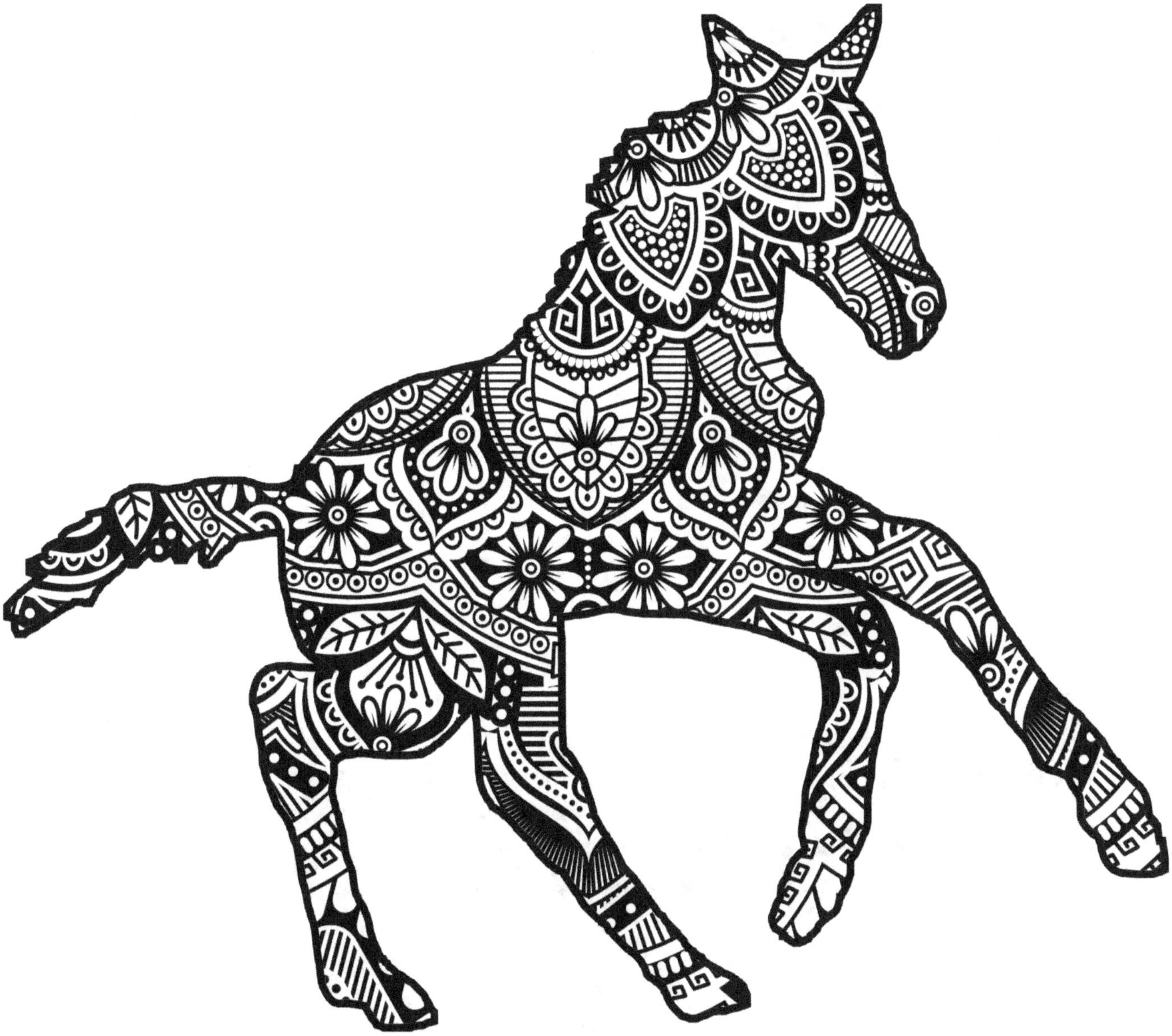

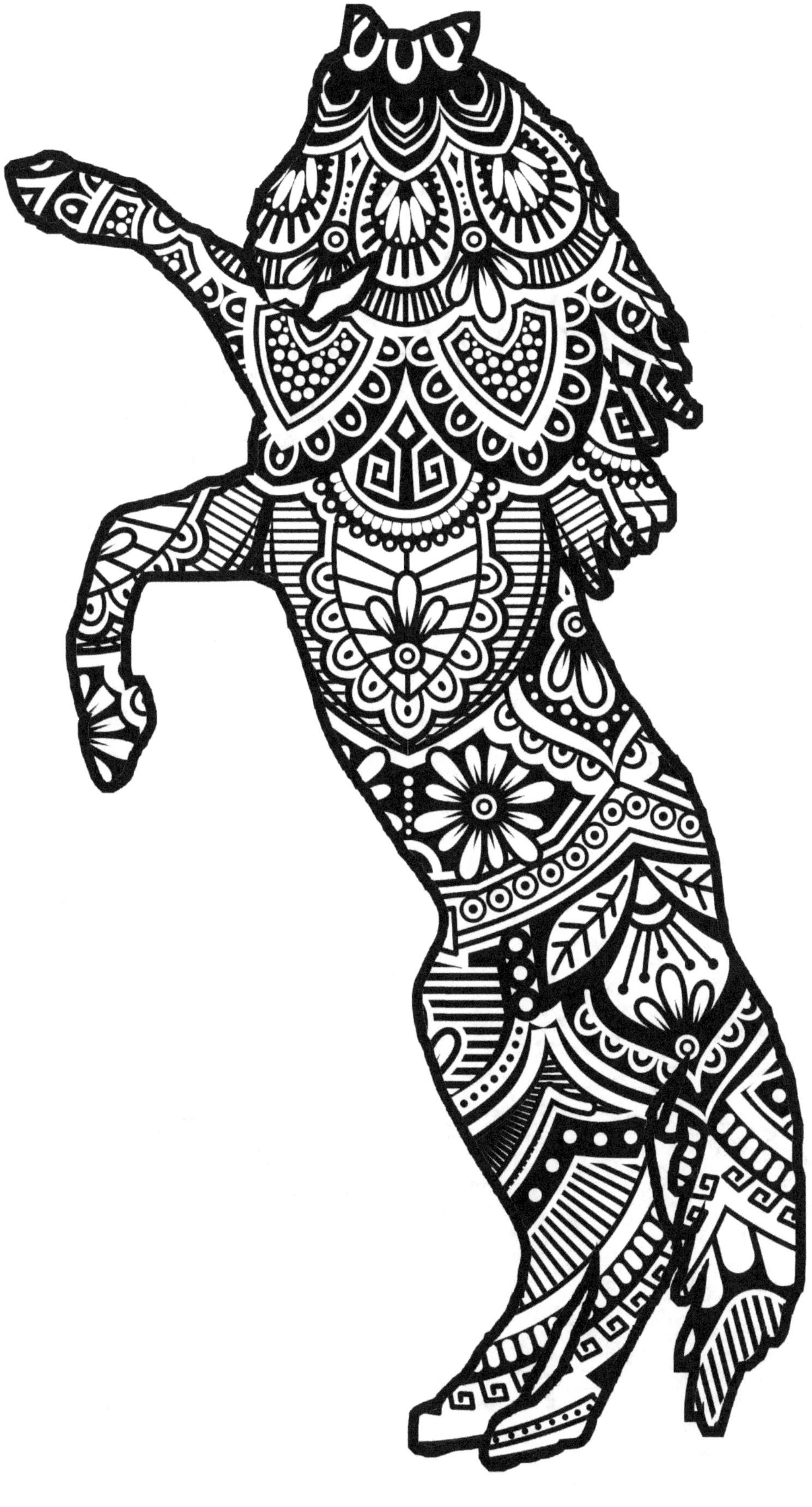

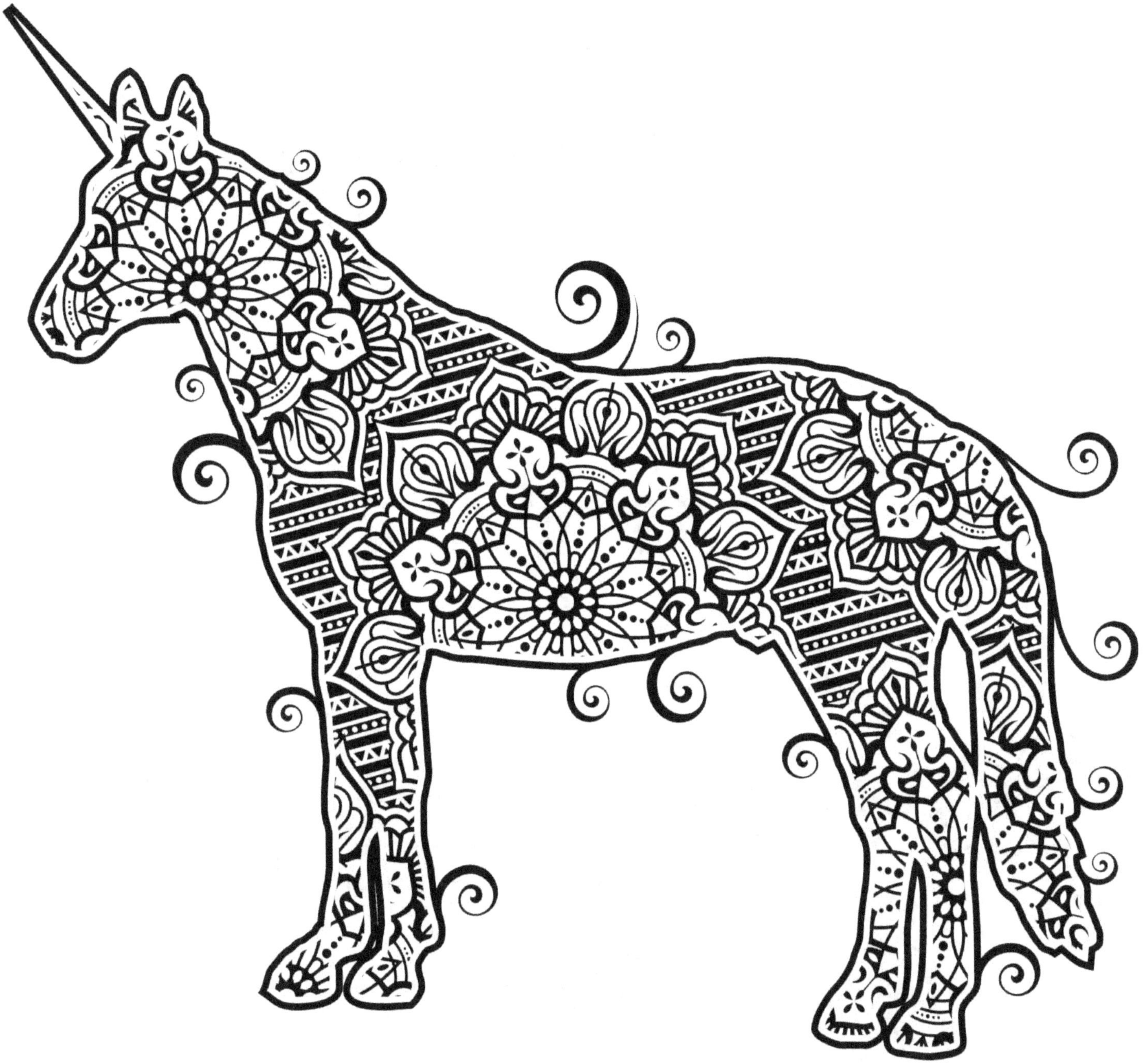

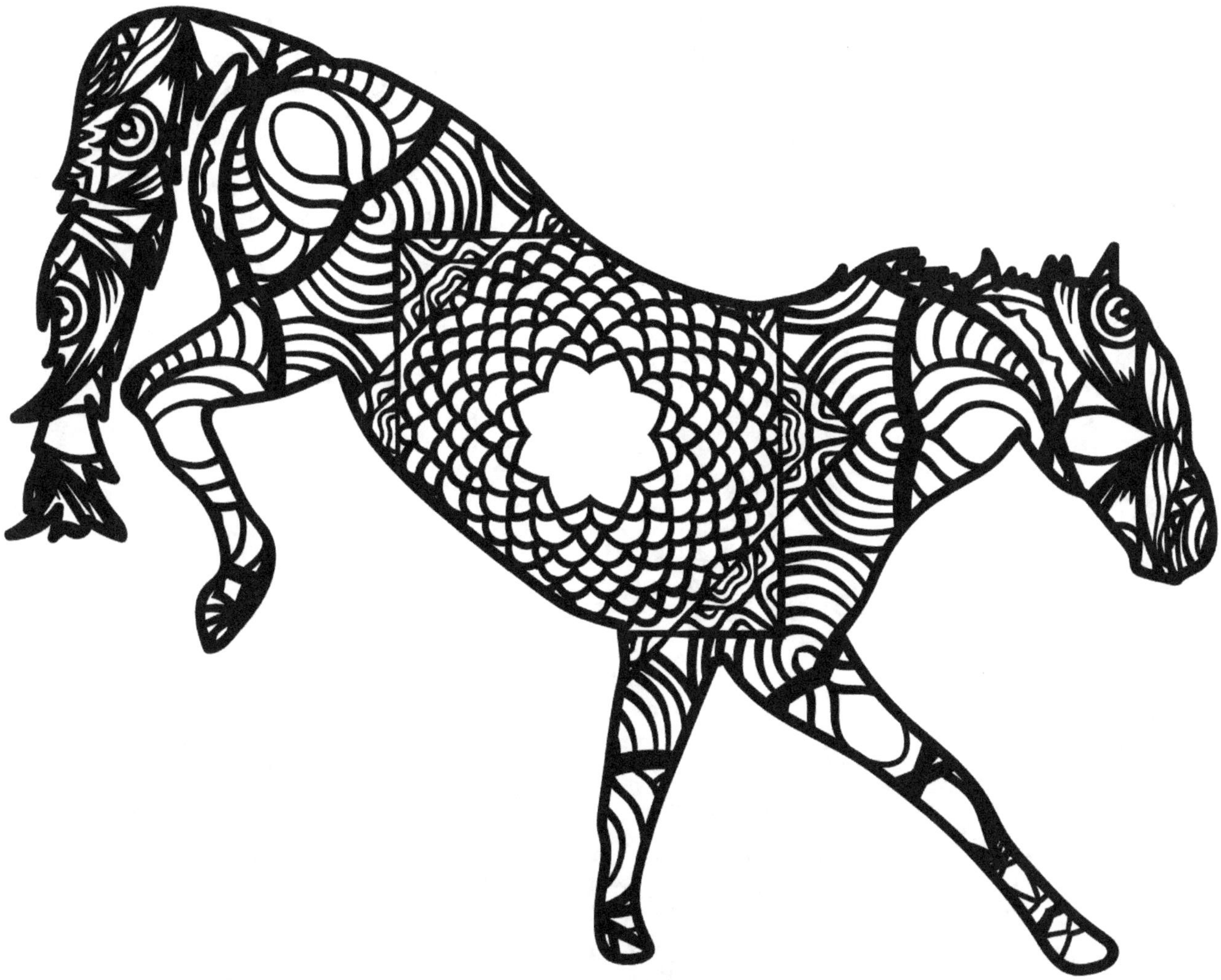

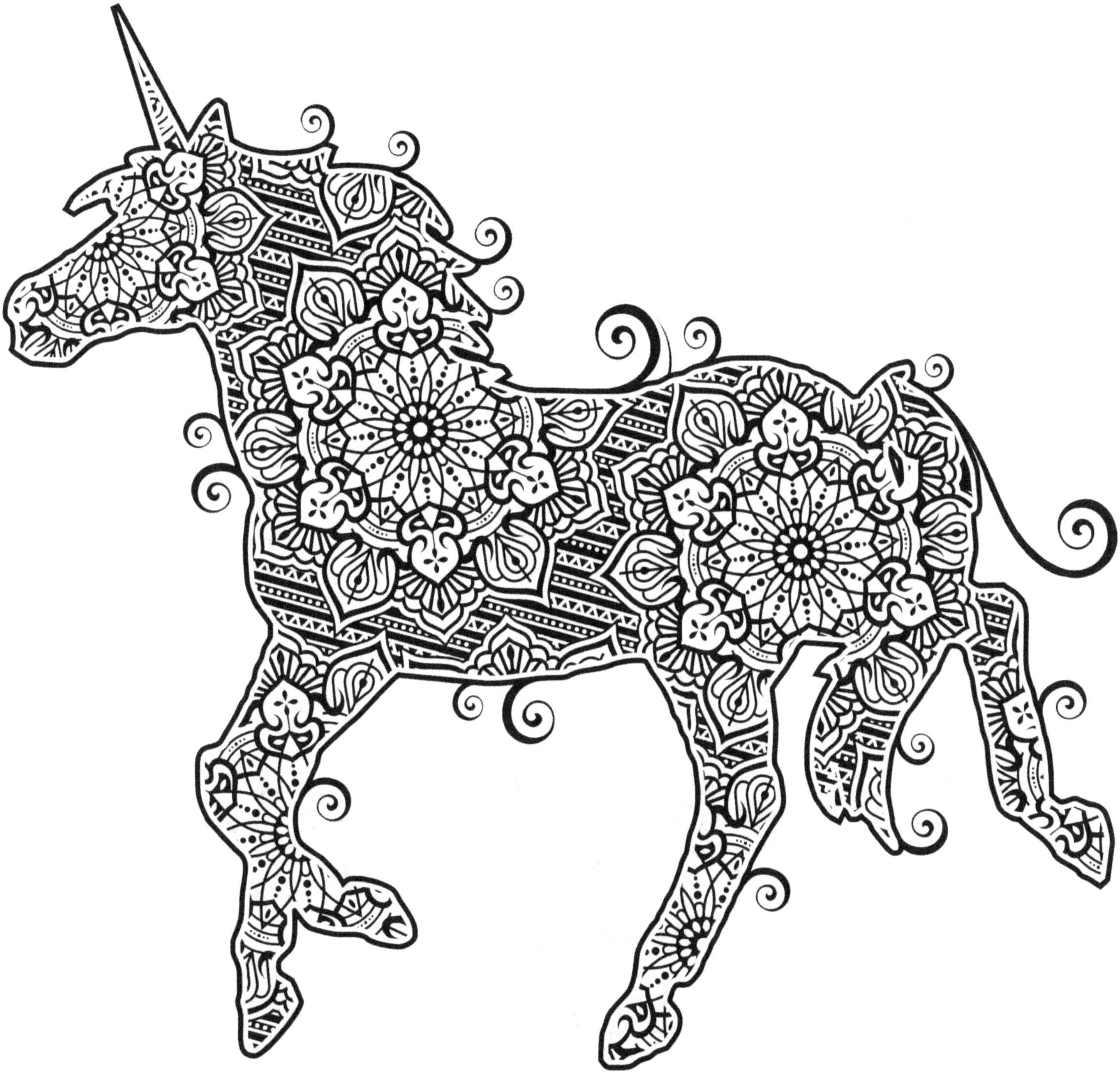

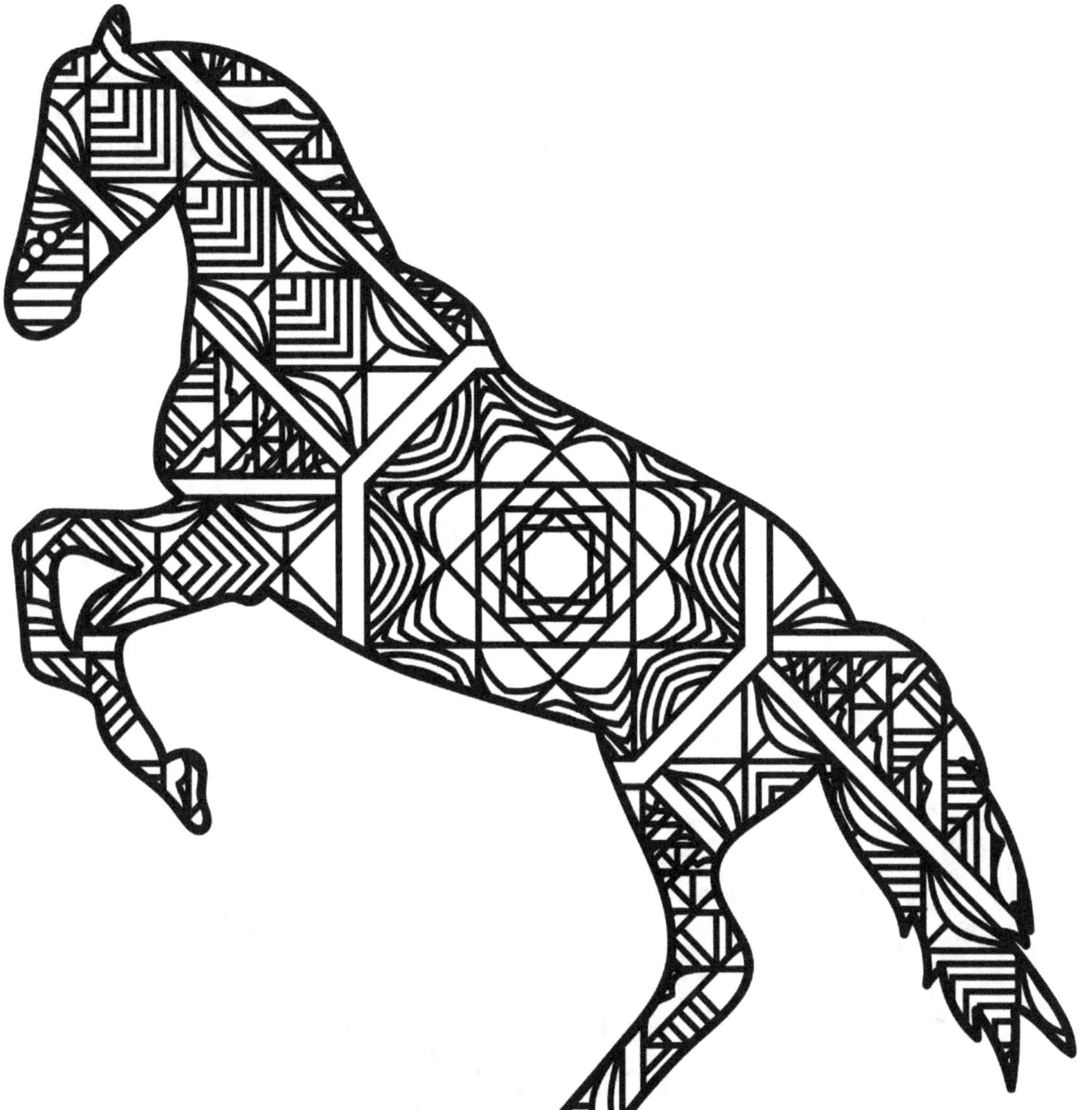

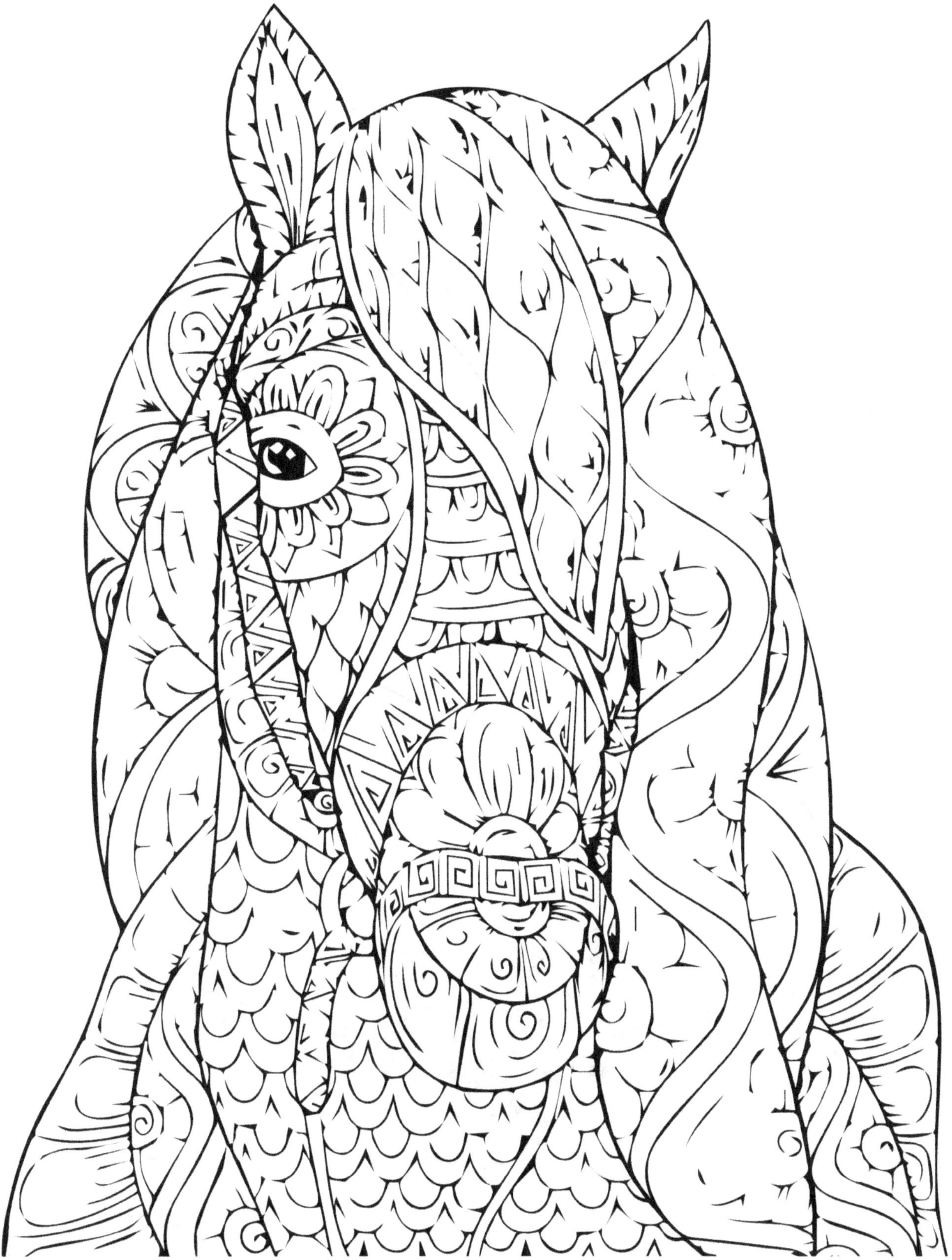

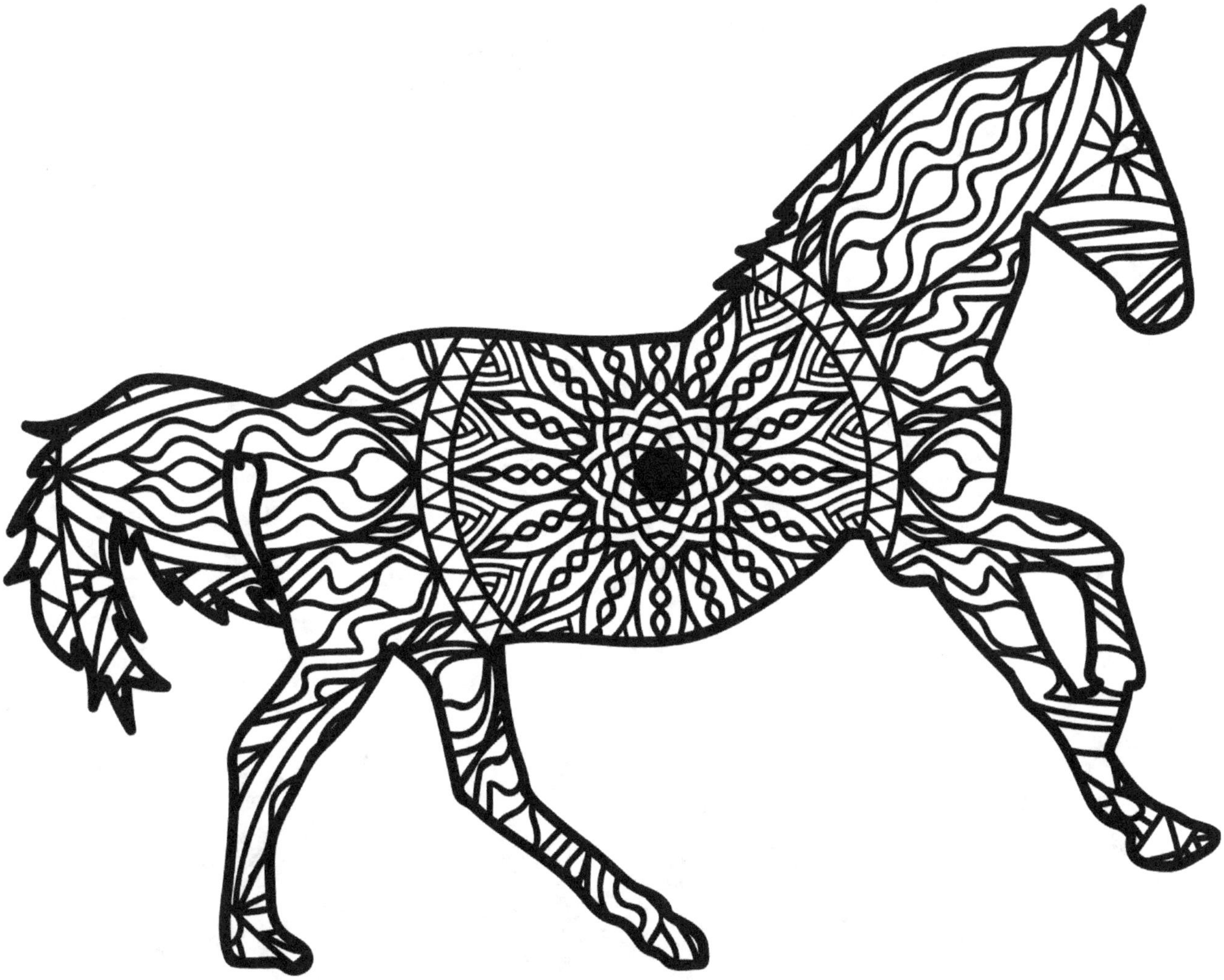

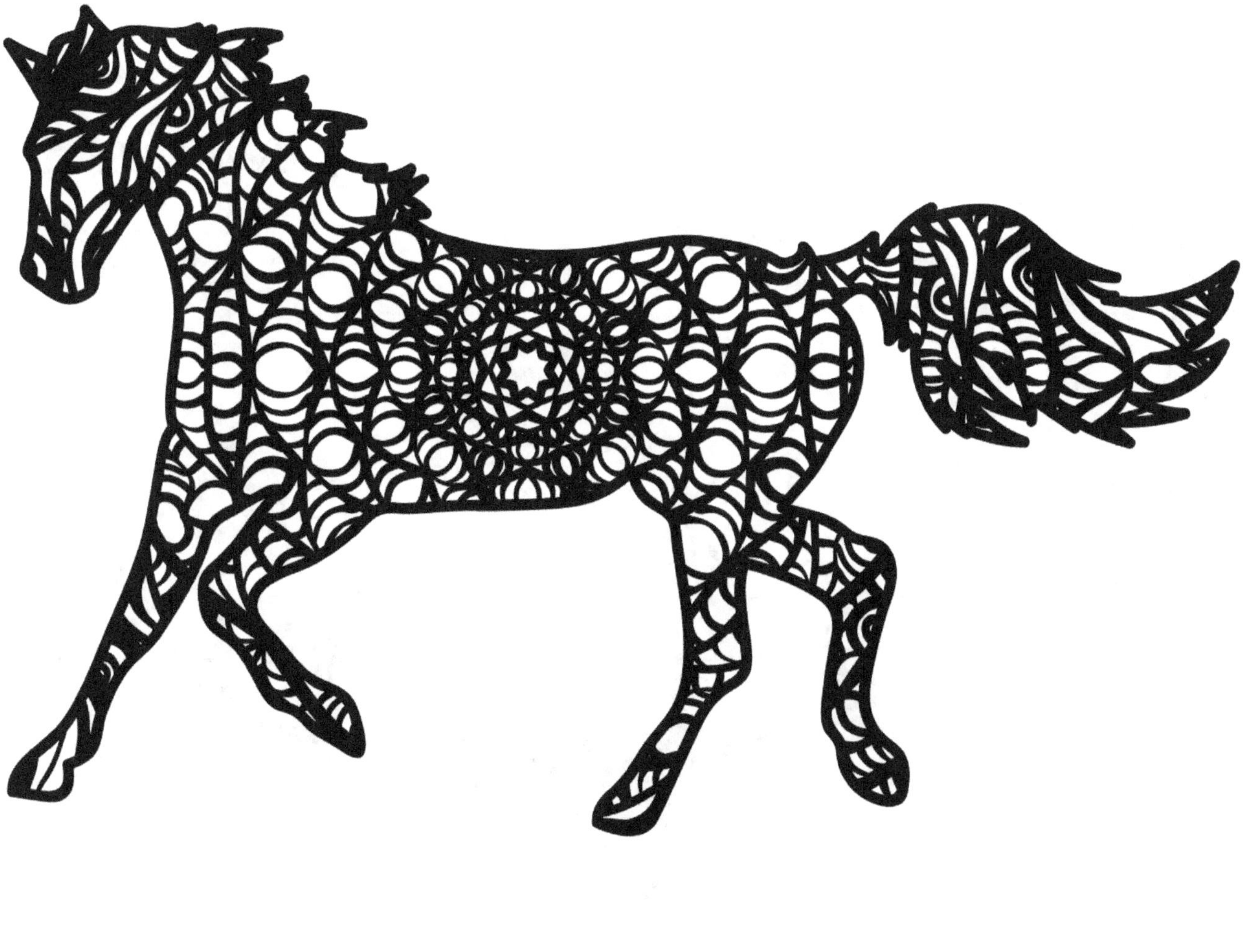

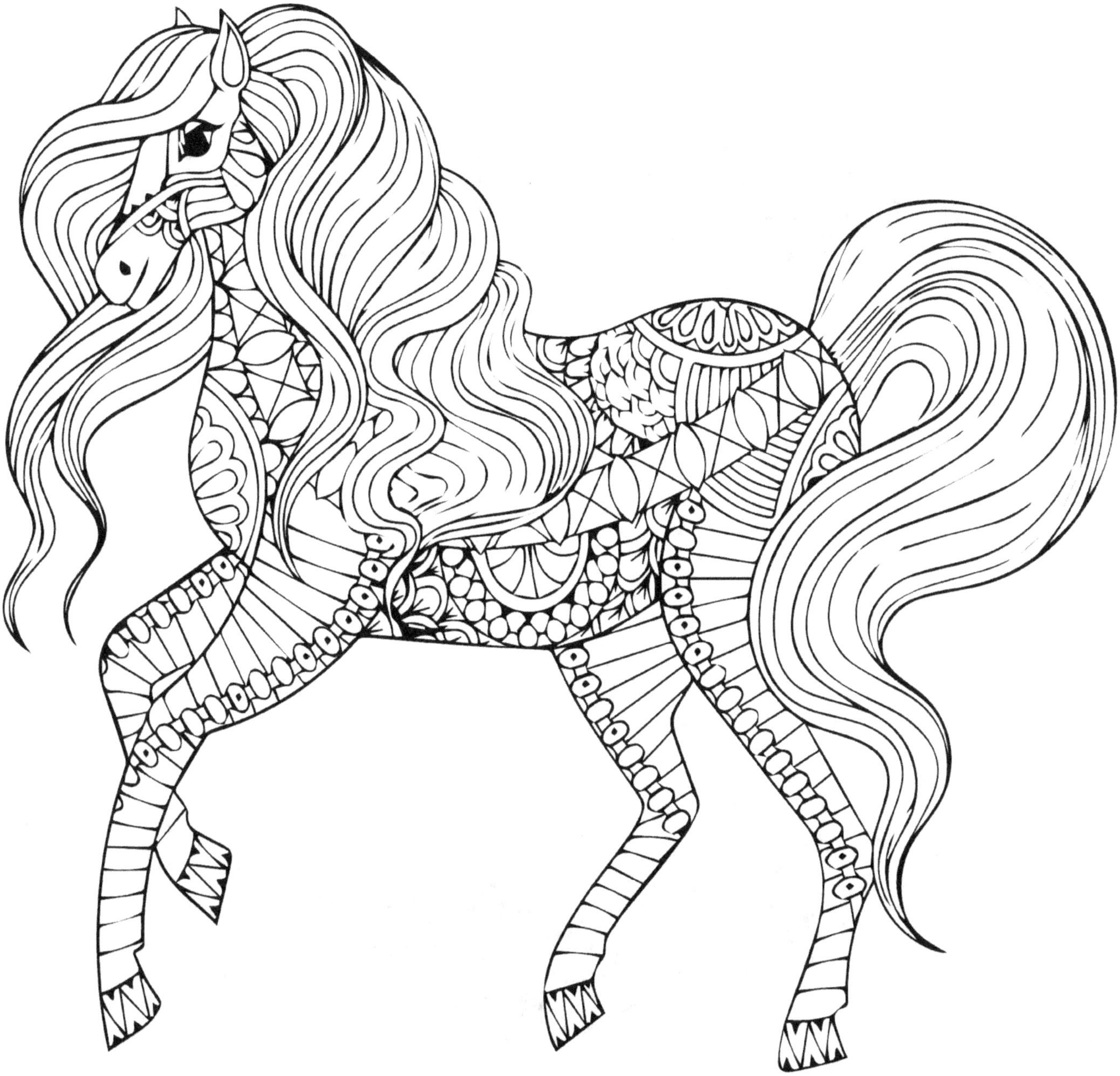

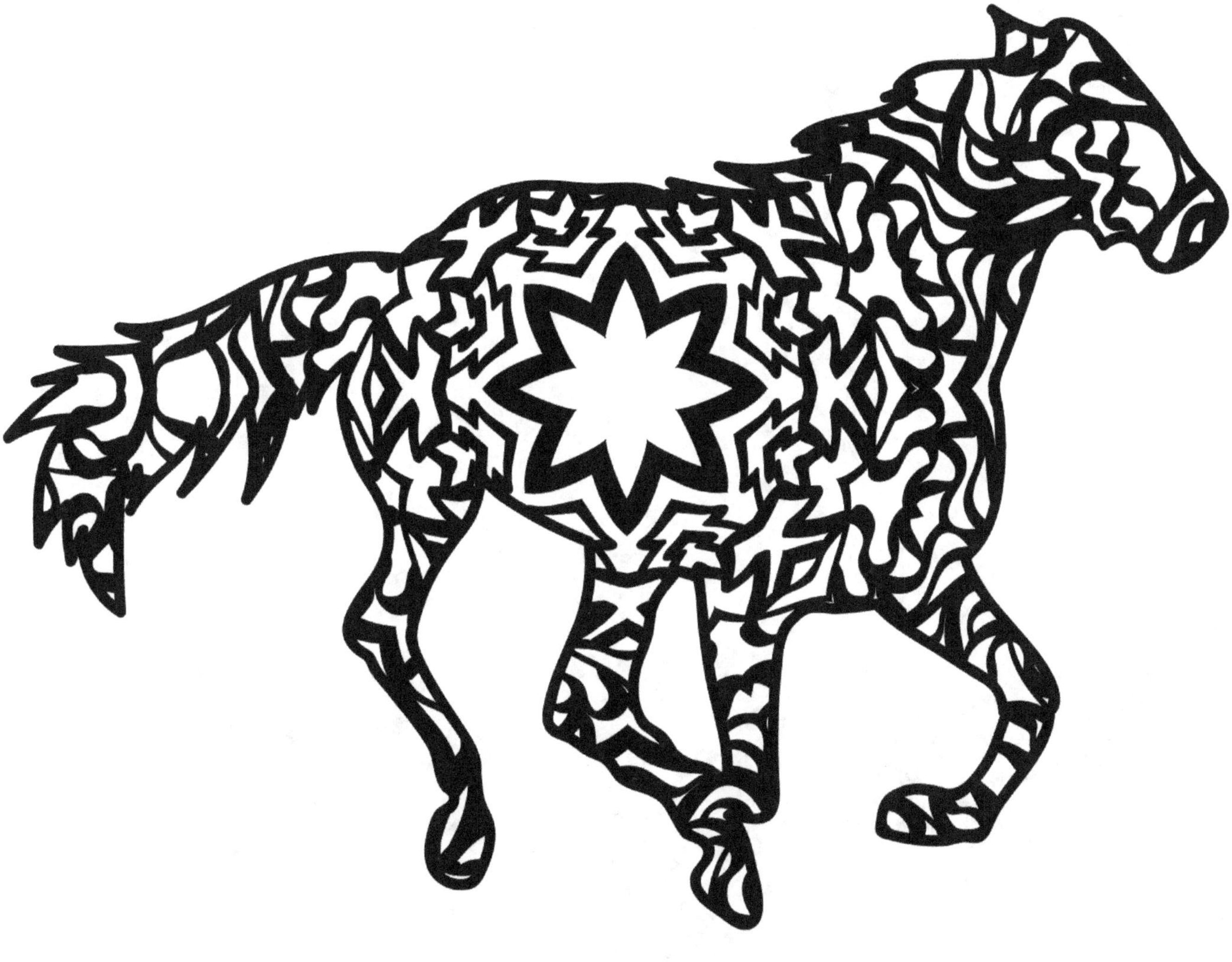

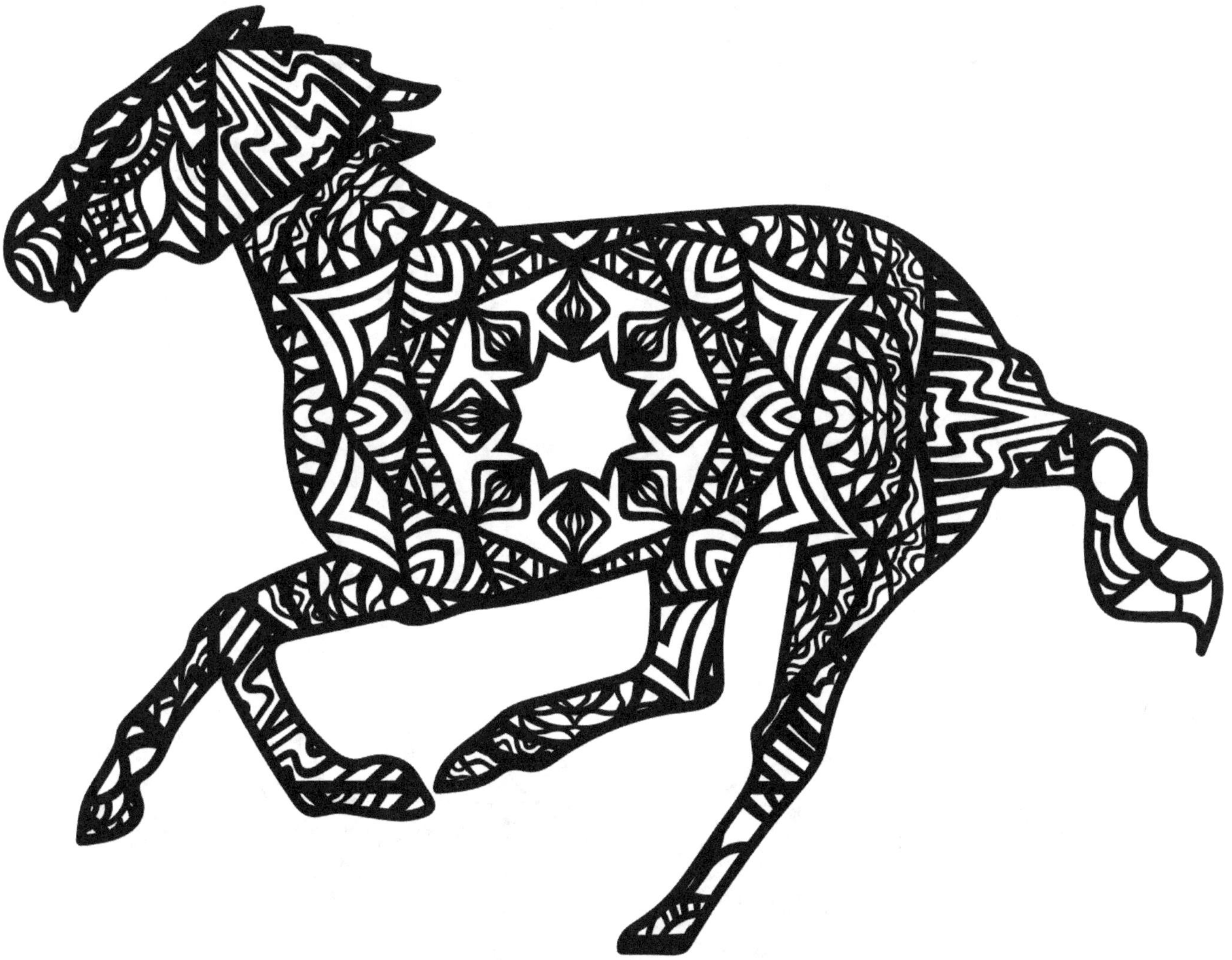

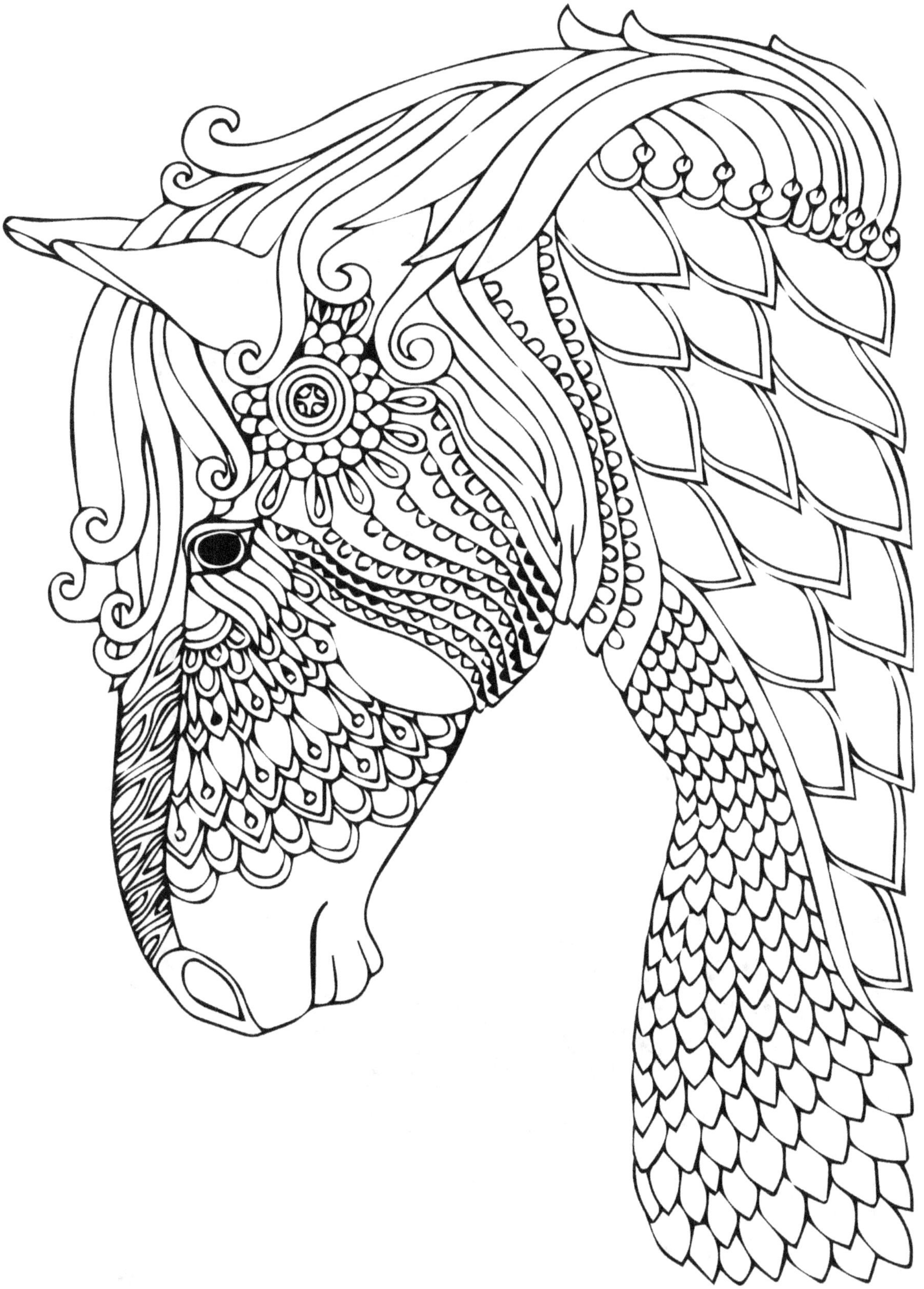

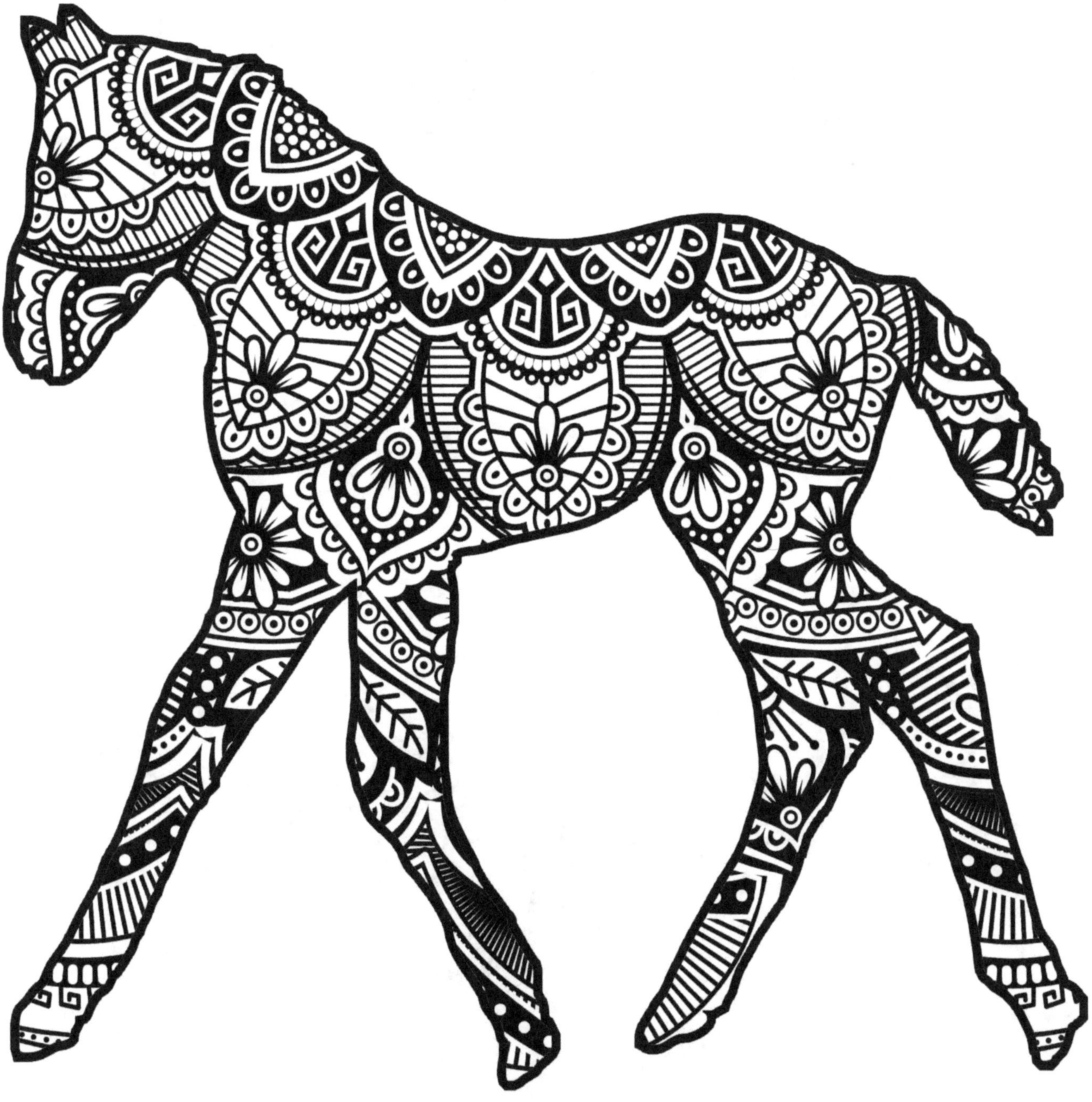

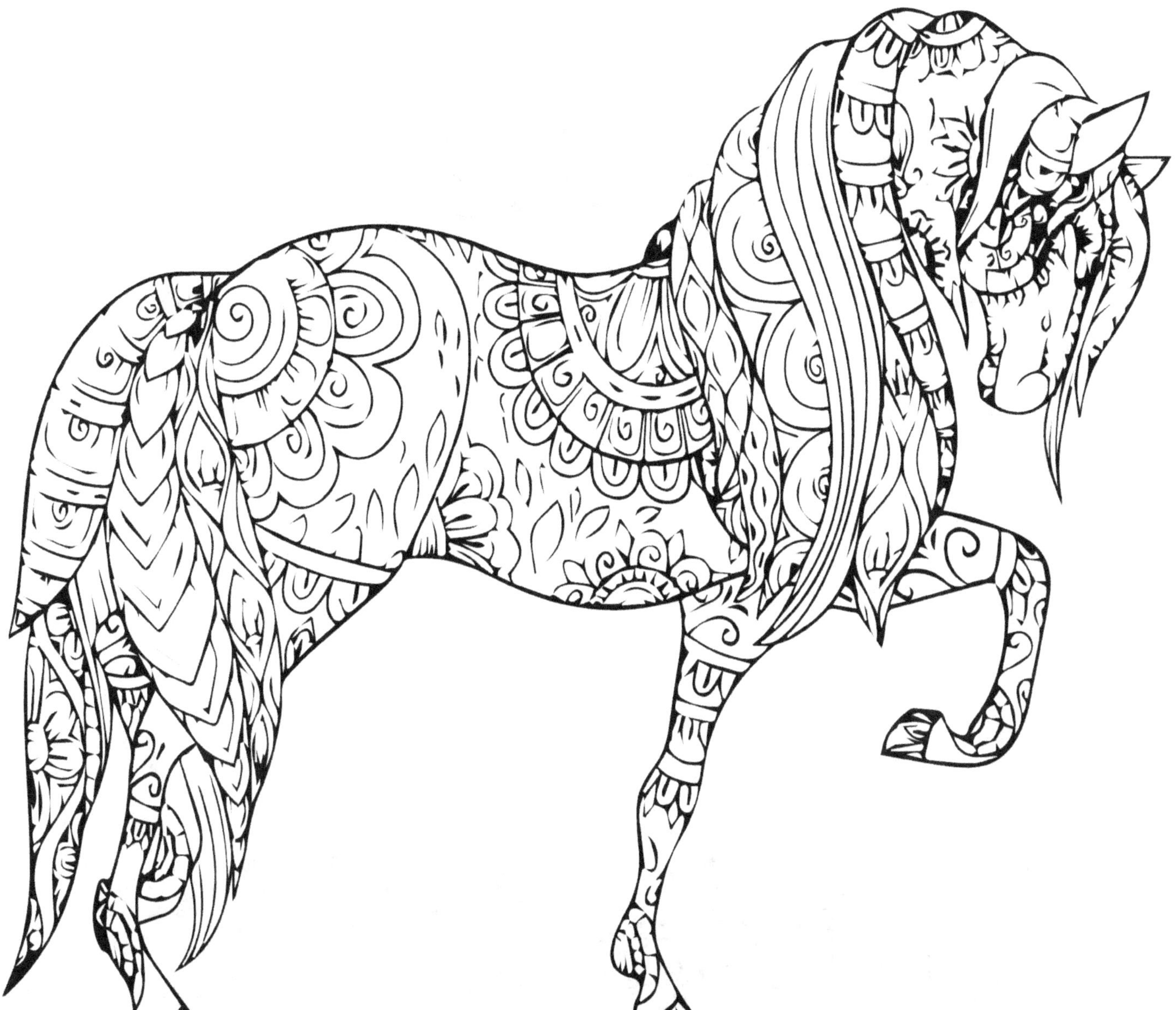

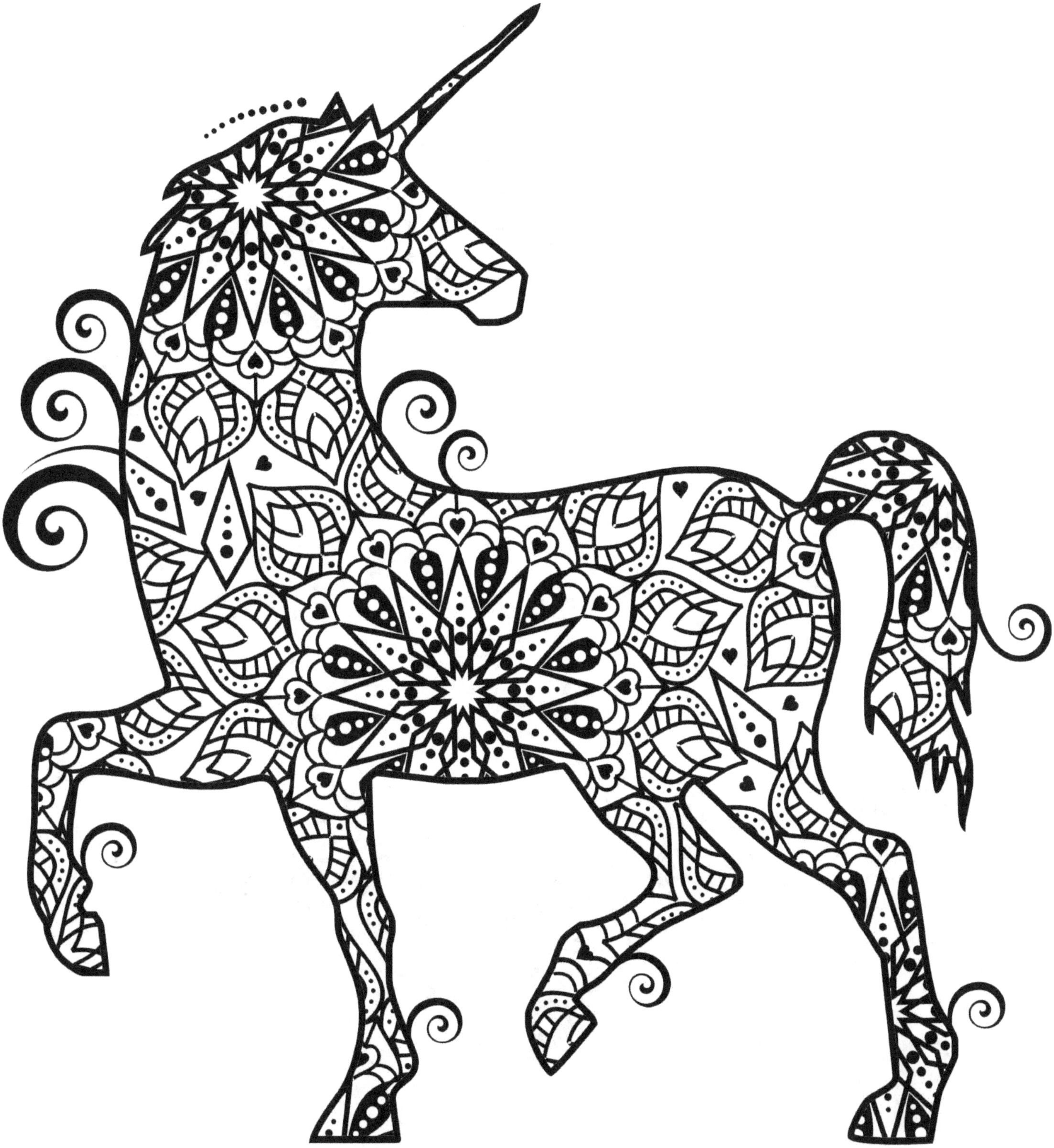

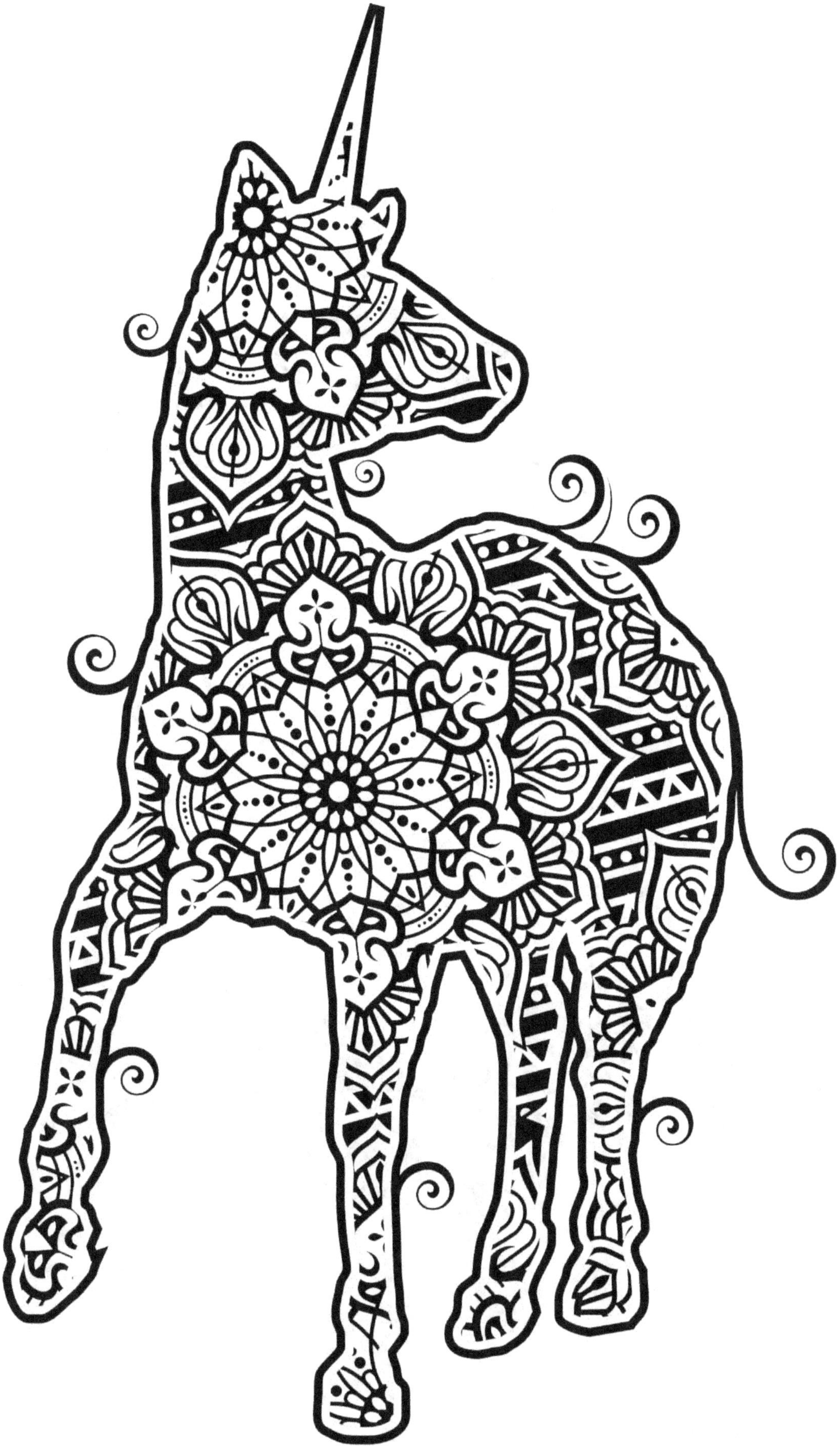

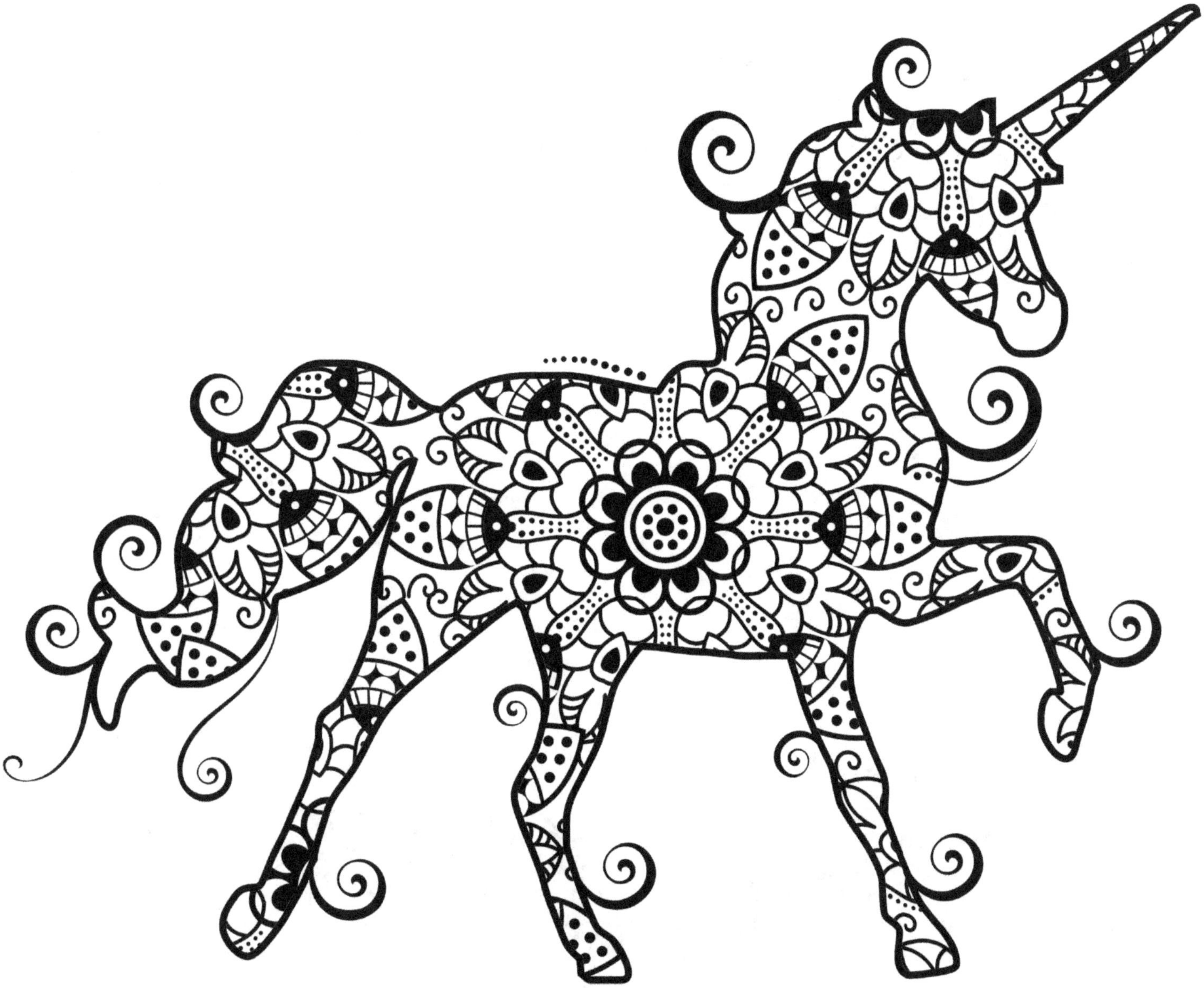

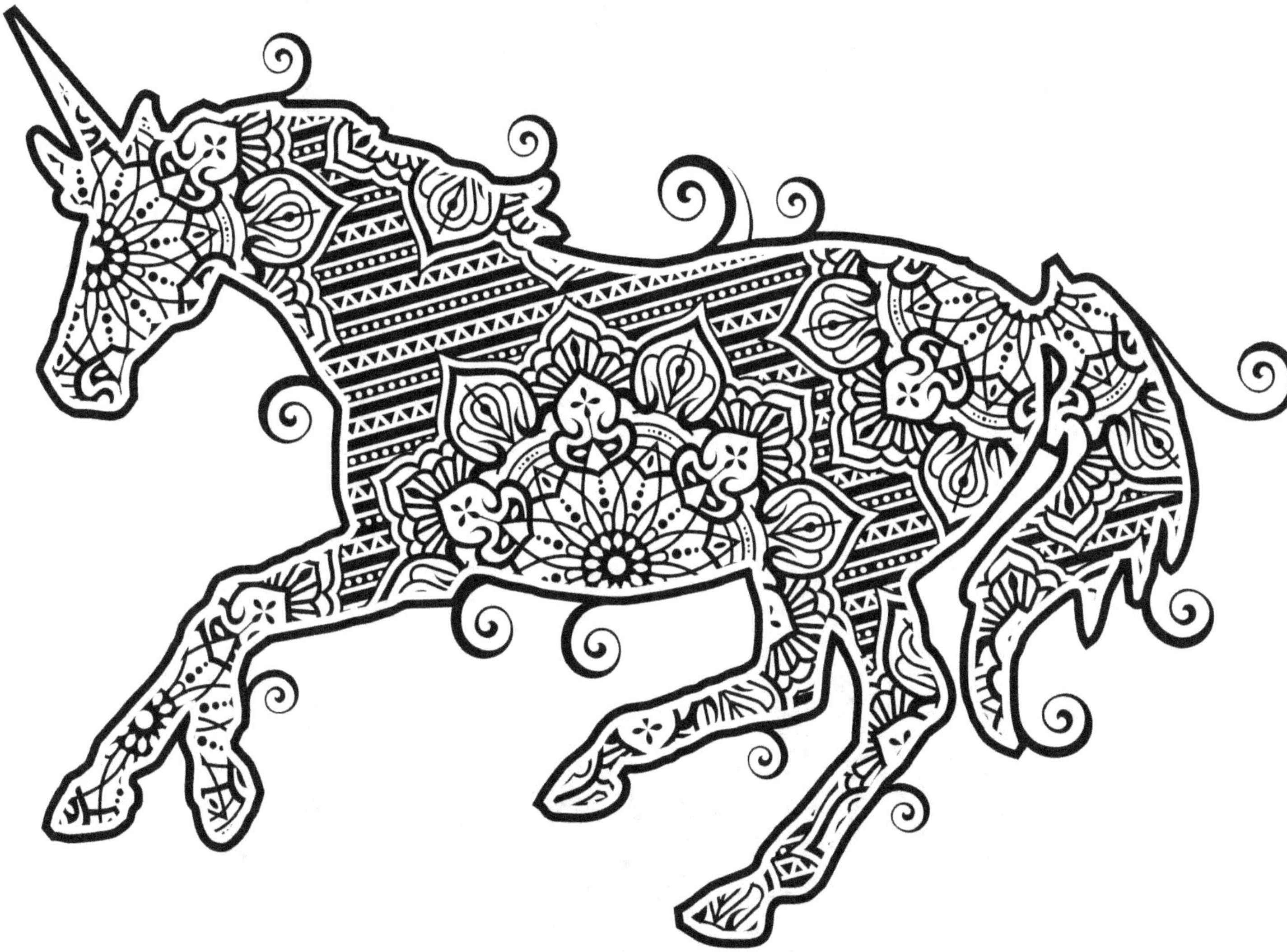

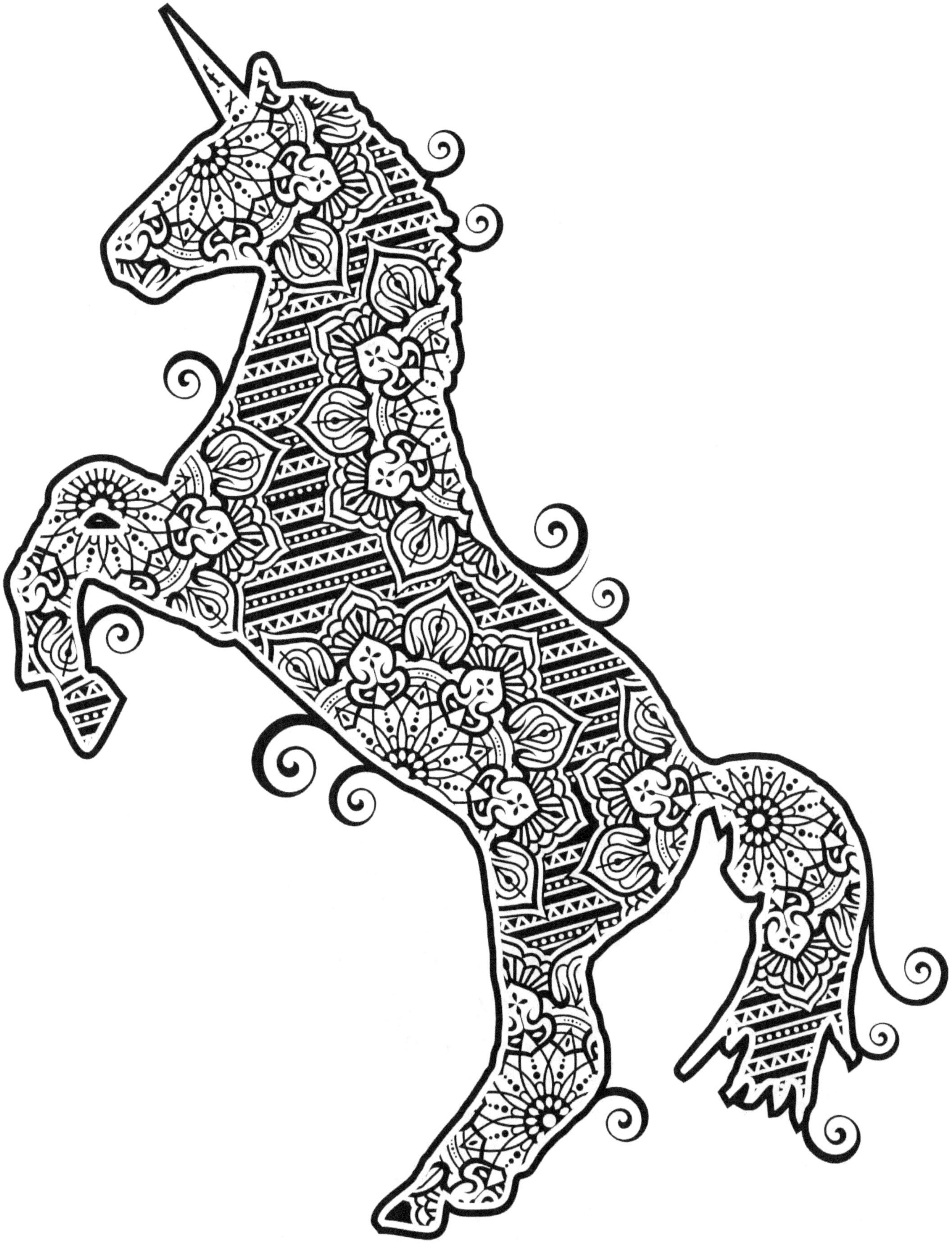

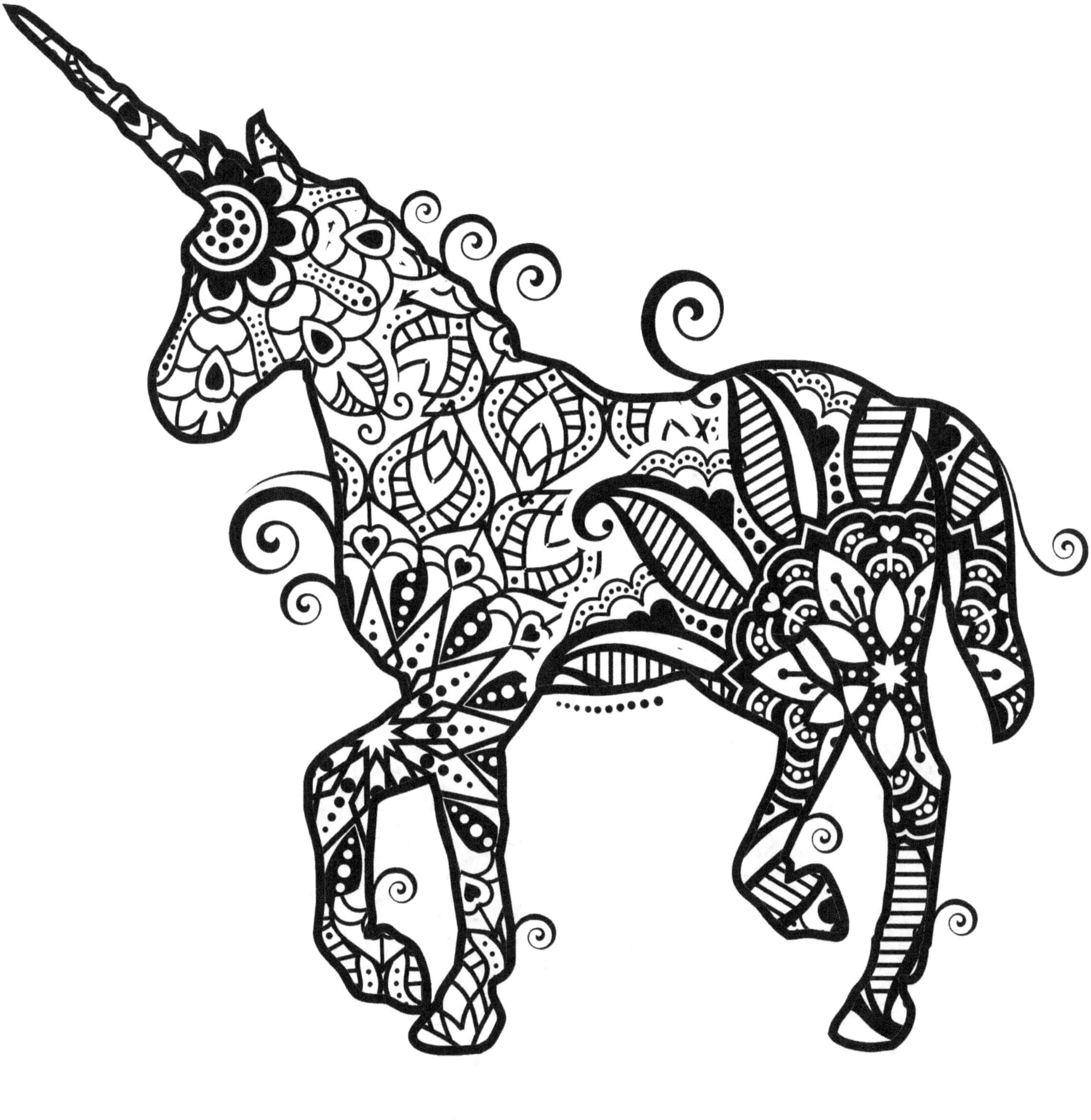

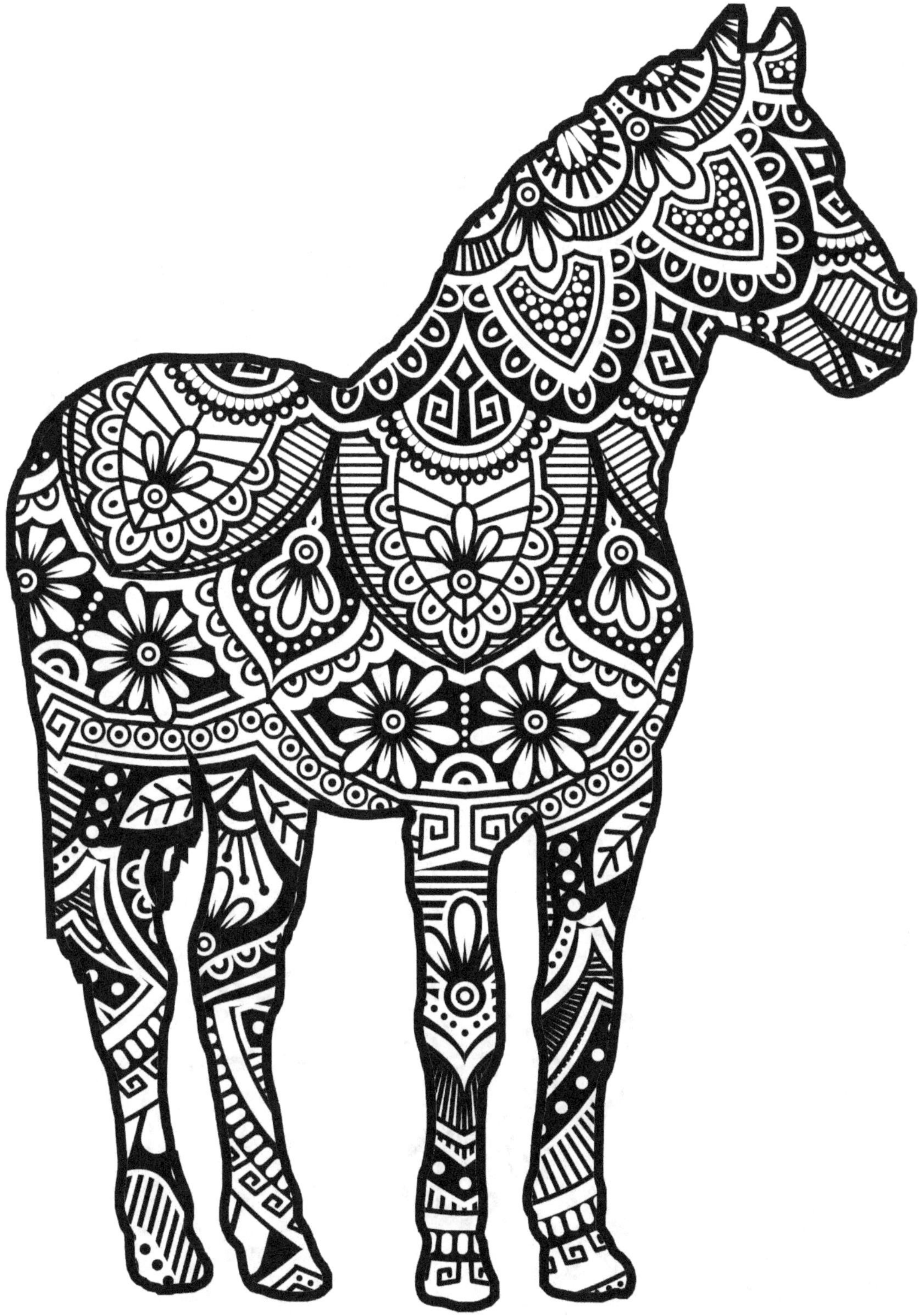

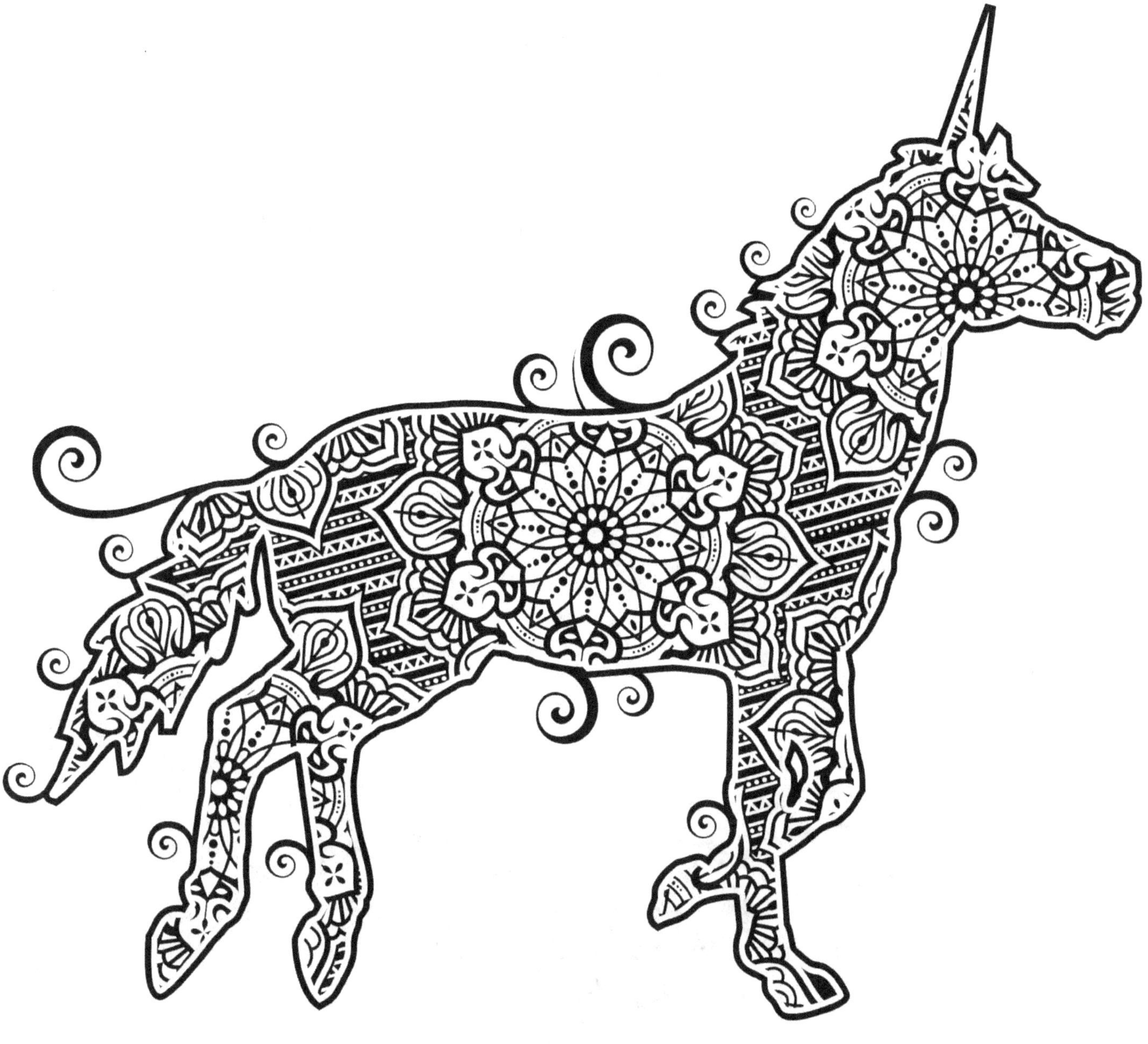

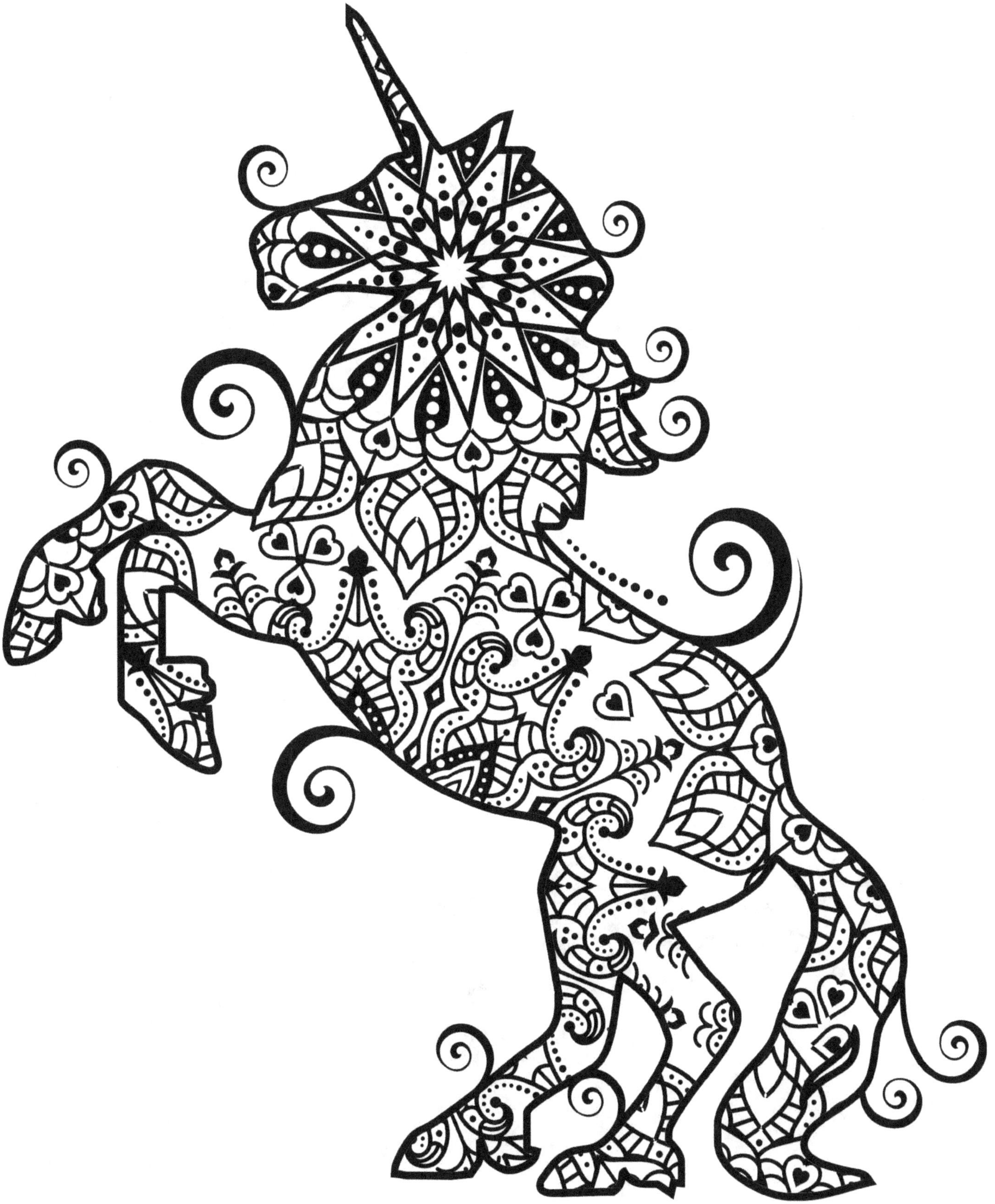

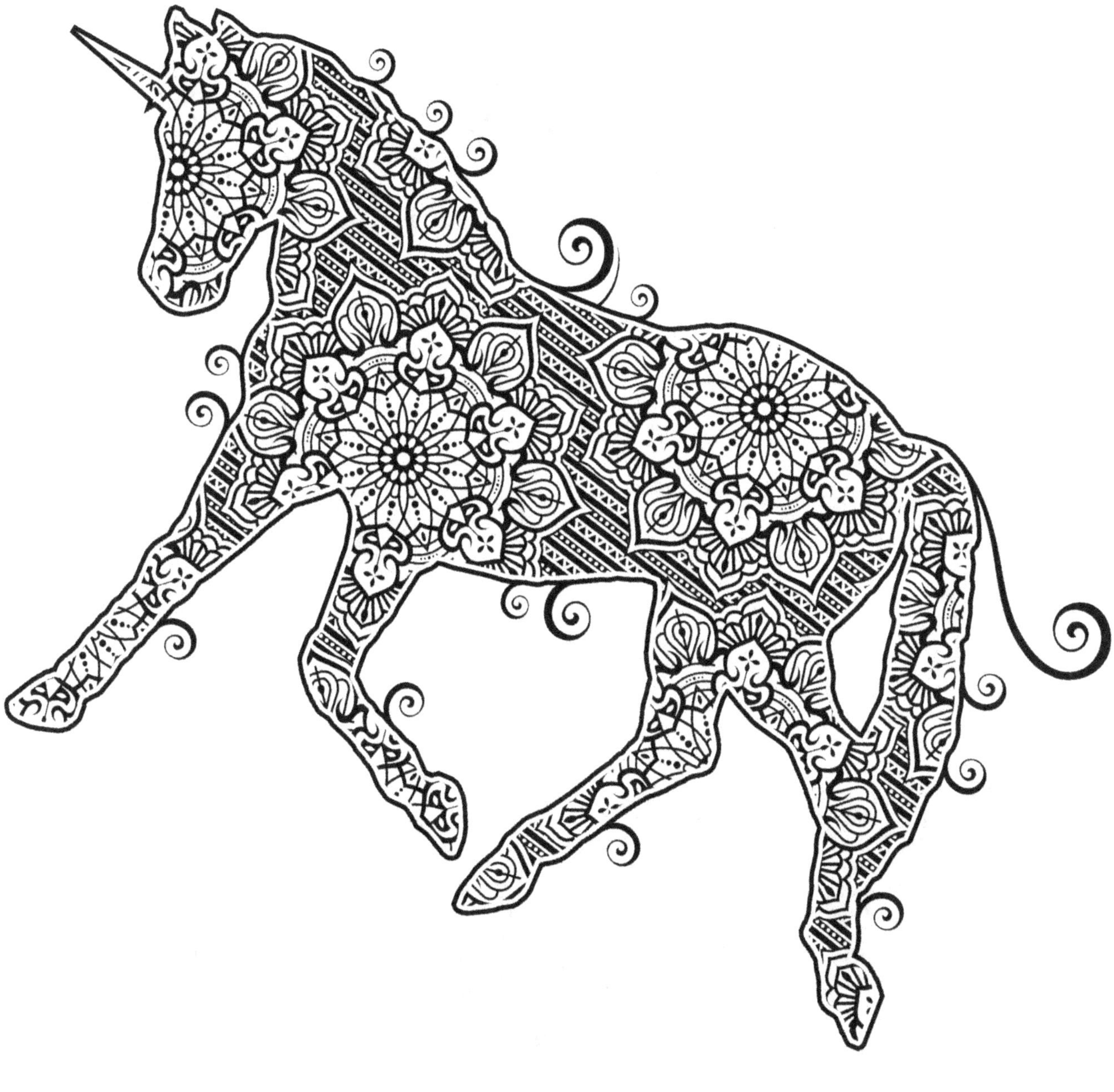

www.ingramcontent.com/pod-product-compliance
Lightning Source LLC
Chambersburg PA
CBHW081456220526
45466CB00008B/2672
* 9 7 9 8 5 6 5 7 8 7 9 1 7 *